U0647897

铁路行业
社会资本准入研究

TIELU HANGYE SHEHUI ZIBEN ZHUNRU YANJIU

亓道远　著

人民出版社

目　录

前　言

　　近年来，国务院和铁路部门颁布了一系列政策，鼓励社会资本进入铁路行业，希望通过引入社会资本构建铁路行业多元化投资主体，弥补铁路行业建设资金缺口，倒逼铁路行业深化改革，打破铁路行业封闭垄断格局，从而形成铁路行业公平合理的竞争秩序。但面对国家抛出的"橄榄枝"，社会资本投资者并未热捧，大部分投资者持观望态度，实际参与投资的很少，即使有少量社会资本投资者进入铁路建设领域，也很少有成功的典范。究其原因，主要是铁路行业改革还不到位，铁路行业政府与企业的关系还未完全理顺，监督管理体制还不健全，公平合理的竞争秩序还未形成，尤其是铁路行业缺乏保障社会资本投资者权益的法律制度，社会资本进入铁路行业后很难通过公平自由的竞争实现盈利。而且，社会资本进入铁路行业是一个系统性工程，投资大、回收期长、资本沉淀严重，再加上国有铁路一家独大的垄断地位，光靠鼓励性政策难以保障社会资本投资者的合法权益，也难以消除社会资本投资者的顾虑。因此，在继续深化铁路行业改革的同时，应该完善社会资本进入铁路行业的法律法规。只有不断完善法律法规，用法治思维和法治方法切实保障投资者利益，才能打消社会资本投资者的顾虑，真正达到吸引社会资本进入铁路行业的效果。

完善铁路行业准入制度，保障投资渠道畅通

　　社会资本进入铁路行业的顾虑之一是能不能通过投资顺利地进入铁路

行业。铁路行业具有规模经济、网络经济以及范围经济特征，兼具营利性和公益性，我们不能完全将铁路行业推向市场，政府需要进行必要的干预，而设置准入制度是政府干预铁路市场的有效手段。通过建立透明规范的铁路行业市场准入规则，可以减少社会资本进入铁路行业的准入成本，降低准入难度，并为投资者提供充分可靠的决策信息，保证社会资本投资铁路行业的路径畅通。具体为：一、要明确不允许社会资本进入铁路行业的领域及方式。出于国民经济安全和铁路具备公益属性的考虑，国有经济在铁路运营中仍然需要占据主导地位，并非所有领域都允许社会资本进入。所以，按照铁路行业建立负面清单制度的政策思路，哪些领域不允许社会资本进入以及禁入的程度和方式，应该以法律制度的形式明确公示，为社会资本投资者提供清晰的选择范围；二、要明确社会资本进入铁路行业的准入条件。平等准入是市场经济的本质要求，规范社会资本进入铁路行业的准入条件是平等准入的具体体现，清晰透明的准入条件为社会资本投资者明示了进入铁路行业的最低要求，社会资本投资者可以据此确立自己的努力方向；三、要明确社会资本投资铁路行业的准入程序。程序是效率的保证，清晰的准入程序明确了社会资本进入铁路行业行政许可的主体、职权、时限以及责任等程序性要素，既可限制权力寻租，又可为社会资本进入铁路行业提供效率保证。

完善铁路行业运营制度，保障自主经营

社会资本进入铁路行业的顾虑之二是投资后能否开展正常的铁路运输业务从而实现盈利。盈利是社会资本进入铁路行业的直接驱动力，而享有充分的自主经营权是实现盈利的前提。目前铁路行业的运营机制还不够顺畅，还存在着许多制约铁路市场主体自主经营的制度性障碍。因此，需要完善铁路行业市场运营法律法规，保障铁路运输市场主体享有充分的自主

经营权。具体为：一、要完善铁路运输市场主体的定价制度。价格是市场
竞争的核心要素，市场主体自主定价是市场经济的本质要求。出于铁路运
输公益性特征的考虑，虽然不可能将铁路定价权完全交予市场，但应该通
过进一步完善法律法规，明确定价权限，让市场主体在最大限度内享有
充分的自主定价权；二、要完善铁路运输市场的清算制度。铁路运输距离
长、网点多，需要复杂的清算系统，目前铁路市场过度依赖于国铁的清算
系统，缺乏独立性和合理性保障，应该逐步建立相对独立、科学合理的清
算制度，保证市场主体的合理收益权；三、要完善铁路路网开放制度。社
会资本进入铁路行业后，不仅要在自己的铁路上运输，而且更多的运输需
要借助别的铁路才能完成。目前相关法律法规没有规定铁路路网的开放义
务，只能依靠双方协商解决，在"中国铁路"一家独大的状况下协商的公
正和效率很难保证，应该通过规定铁路路网强制性开放，保证铁路网络的
互联互通，让社会资本投资者享有充分的路网通行权；四、要完善铁路运
输的公益性补贴制度。出于公益性或政策性的考虑，铁路需要承担学生、
伤残军人等公益性运输任务，但承担运输任务不等于需要承担运输成本，
公益性运输的成本应该由政府承担，应该通过明确政府的补贴义务、补贴
主体和补贴程序，保障投资者的合法权益。

完善铁路行业监管制度，保障公平竞争

　　社会资本进入铁路行业的顾虑之三是投资后能否通过公平竞争开展运
输业务。公平竞争是市场经济的灵魂，培育公平竞争的法治环境是市场经
济的本质要求。社会资本投资者不仅自己应该通过公平竞争获取利益，同
时也希望别的竞争主体能够通过公平竞争获利。目前"中国铁路"一家独
大，具有绝对的市场支配权，如何通过监管使其能够公平合法地开展良性
竞争，不滥用市场支配地位侵害其他竞争主体的利益，是培育铁路运输市

场公平竞争环境的重要任务。因此，完善铁路市场监管法律法规，加强对铁路运输市场事中和事后监管是保证铁路运输公平竞争的重要因素。具体为：一、要明确铁路运输市场的监管主体及职权。目前我国虽然组建了国家铁路局作为专门的铁路市场监管主体，但其职权界定还不够清晰，应该通过法律形式清晰界定国家铁路局的监管职权以及其与其他市场监管主体之间的协调衔接；二、要明确市场监管的法律责任，包括市场主体的法律责任和监管主体的法律责任。只有清晰的责任机制才能保证监管主体依法监管铁路市场，保证市场主体的合法权益，维护铁路运输市场的公平竞争秩序。

完善铁路行业退出制度，保障财产安全

社会资本进入铁路行业的顾虑之四是经营不善时能否安全退出。资本的安全性是社会资本投资者必须考虑的问题，当投资的铁路线路能够正常盈利时，一般不存在退出困难的问题。但是，当投资的铁路线路亏损严重，甚至很难看到盈利的希望，继续经营将不断增加亏损时，退出就成为社会资本投资者的理性选择。在市场化程度较高的行业，投资者可以通过股权的转让顺利实现退出。但在市场化程度较低的铁路行业，如果投资者预想转让的股权无人承接时，唯一的途径就是解散甚至是让铁路运输企业破产，然后拆除铁路线路，这是投资者从经济效益出发的理性选择。但是，拆除线路的退出方式会对铁路周边居民的出行造成极大的负面影响，同时基础设施投资也会造成极大浪费，既不符合节约原则，也不符合铁路运输的公益性特征。因此，在铁路行业退出领域存在营利性和公益性的矛盾冲突，需要以法律法规的方式对铁路行业的退出机制作出界定，既需要保护社会资本投资者的资本安全利益，同时也需要保护铁路周边居民出行的社会利益。具体为：一要明确股权正常转让出现困难而确实需要保留铁

路线路时地方政府的承接义务或为继续经营提供补贴的义务；二要明确地方政府承接或提供补贴的具体条件；三要明确地方政府承接或提供补贴的具体程序。

综上所述，应该遵循资本运作规律，从准入、运营、监管和退出四个环节完善社会资本投资铁路行业的法律法规，切实保障社会资本投资者的权益，才能消除社会资本投资铁路行业的后顾之忧，真正达到吸引社会资本投资的政策目的。

绪　论

一、选题的背景和意义

（一）选题的背景

1. 国外铁路改革的背景

自从 1825 年英国修建第一条铁路开始，铁路作为人们出行和货物运输的重要交通工具，在经济社会发展中扮演着重要角色，并几度经历了繁荣、衰退、再繁荣的发展过程。在铁路改革发展的历史上，也经历了鼓励社会资本投资、限制社会资本投资，国有化、私有化以及严厉管制、放松管制等发展阶段。在铁路发展的早期，由于政府投资能力有限，大部分国家都鼓励社会资本进入铁路行业，兴办铁路事业。因此，在短时期内，铁路规模迅速扩张，铁路事业得到快速发展。但随着铁路事业的迅速发展，铁路运营中的问题不断暴露，如垄断、投机等行为不断出现，严重扰乱了铁路运输市场秩序，侵害了消费者的利益，严重威胁对铁路行业的健康发展，各国逐步开始实施国有化经营或加强对铁路行业的管制。①

---

① 美国于 1887 年颁布《管制商务法》（An Act to Regulate Commerce）（1920 年后称为《州际商务法》），并设立了州际商务委员会（Interstate Commerce Commission，简称 ICC）开始对铁路实行管制。之后美国又陆续颁布了《爱尔金斯法》（Elkins Act，1903 年）《赫伯恩法》（Hep-burn Act，1906 年）以及《交通运输法》（The Transportation Act，1920）等一系列的法律赋予 ICC 更多的职权，逐步建立了严格的铁路管制体

在实施国有化经营或严格管制的初期，这些举措确实对各国铁路规范发展起到了积极作用。但是，随着公路、民航等其他交通运输方式的迅速发展，处于严格管制或国有化经营中的铁路运输在交通运输方式中的比重开始逐步下降，严格管制和国有化经营的弊端逐步暴露，各国铁路开始出现大面积亏损，铁路发展遇到了前所未有的挑战。①

面对严峻的铁路运营形势，各国纷纷开始探索放松管制或民营化改革之路。美国从20世纪70年代开始先后颁布了《铁路复兴和管理改革法》《斯塔格斯铁路法》等一系列法律，来推行放松铁路管制的改革，放宽了政府对铁路的控制；欧盟委员会于1991年通过了《关于欧洲共同体铁路发展的91/440/EEC欧盟理事会指令》（以下简称《欧盟委员会91/440/EEC指令》），规定了政企分开、网运分离、市场准入等方面的内容，并要求各成员国从1993年起必须执行，各成员国如果没有执行该指令，利益受到侵

系。德国十18'9年开始以债券交换股权的方式推动各州开始接管私人铁路，1920年，德国铁路开始国化化，1924年正式成立了国家铁路公司。英国从1948年开始对铁路进行国有化改造，建立了"英国国营铁路"。法国于1938年开始将所有铁路收归国有，并建立国家铁路局。日本于1890年开始倡导铁路国有化，1892年颁布了《铁路铺设法》，推进了对私营铁路的收购，1906年至1907年，日本17家私营铁路被国有化，除了一些市郊线以外，所有日本铁路都实行了国有化。

① 如20世纪70年代末，美国已经有25%的铁路企业破产，铁路行业处于崩溃的边缘。参见孟祥春：《美国铁路的历史沿革与管制变迁》，《理论学习与探讨》2008年第3期，第56页；德国铁路货运的份额从1950年的60%下降到1990年的29%，客运市场占有率从36%下降到6%，1990联邦铁路债务达到470亿马克。参见孔琦：《德国铁路改革之路》，《铁道运营技术》2000年第3期；英国铁路1992—1993财政年度运营亏损达到近170亿英镑。参见梁栋：《英国铁路考察报告》，《铁道经济研究》2010年第4期；日本铁路从1964开始出现亏损，到1987年民营化改革之前，累计债务已达37.5万亿日元，客运份额、货运份额分别从1964年的50%以上、40%以上降到1986年的18.5%和4.5%。参见王晓亭、张秋生：《日本国铁改革及其对中国铁路改革的启示》，《铁道运输与经济》2002年第2期。

害者可依据该指令直接向法院起诉。另外，欧盟还于 1995 年发布了 18 号令、19 号令，规定一成员国铁路经营者可以经营另一国铁路，同时规定了路网分配与路网使用费。① 在欧盟委员会的主导下，欧洲各国陆续开始推行网运分离和民营化改革。德国通过修改基本法以及制定《联邦铁路运输管理法》《德国铁路通用法》《联邦铁路扩建法》《联邦铁路合并与重新划分法》《德国铁路股份公司建立法》等一系列的法律，分步骤实现网运分离改革和民营化改革；英国通过制定新的《铁路法》，明确铁路货运和行包运输由私营企业经营，同时在财政、税收等方面实行优惠政策，鼓励私营企业顺利进入铁路运输领域，推行网运分离改革和民营化改革；法国通过政策主导推行网运分离改革。日本则通过颁布实施《日本国有铁道改革法》《铁道企业法》《日本铁道清算事业团法》《客运铁道股份公司和货运铁道股份公司组建法》等一系列法律，推行区域分割和民营化改革。其他国家如巴西②、阿根廷以及印度等都不同程度地推行了铁路民营化改革。③

　　通过放松管制改革，美国铁路运输企业的竞争力逐步提高，铁路行业的经济效益显著改善，铁路行业开始走向复苏。尤其是进入 21 世纪以后，全球市场的变化以及不断上涨的油价刺激了铁路的繁荣。2006 年，美国铁路货运实现运营收益 540 亿美元，铁路的市场占有率达到 40%；客运量也在增长，2007 年客运人数比 2006 年增加 6%，实现了连续五年

---

　　①　韩潇：《关于德国铁路法制建设有关问题的思考》，《铁道经济研究》2001 年第 5 期。

　　②　J.Campo, "Lessons from Railway Reforms in Brazil and Mexico", *Transport Policy*, 2001, pp.85-95.

　　③　关于这些国家的民营化改革，详细内容可参见林晓言：《铁路的民营化改革与市场融资》，经济科学出版社 2006 年版，第 103—159 页。

增长①；德国通过网运分离和民营化改革后，铁路员工大幅减少，企业领导层不再以德国的宏观经济准则为导向，而是考虑经营成本和追求商业利润，以增强企业对顾客的服务能力和在市场上的盈利能力，收到了良好的效果。从 1994 年至 2015 年，德国铁路客运量增幅为 80.1%，全社会铁路货运量增幅为 21.1%②；日本通过铁路改革，降低了运营成本，提高了运营效率，实现了扭亏为盈，并且劳资关系实现正常化，运输服务质量得到了明显改善。③

各国铁路改革的实践证明，放松政府对铁路行业的管制，积极培育铁路市场的竞争机制，相信市场的力量，并有序吸引社会资本进入铁路行业是有效可行的改革路径，这也将成为世界铁路改革的主要趋势。

2. 国内铁路改革的背景

改革开放以后，我国原来高度集中、统一管理和严格管制的铁路运输管理体制已经不再适应我国铁路行业的发展，国家开始探索适应社会主义市场经济发展的铁路管理体制，先后进行了放权让利④、经济承包责

---

① 孟祥春：《美国铁路的历史沿革与管制变迁》，《理论学习与探索》2008 年第 3 期。

② 方奕：《德国铁路改革现状及对策》，《铁路运输与经济》2017 年第 7 期。

③ 根据日本国土交通省（2011）对日本国铁民营化效果的评估，在 1987—2005 年，7 家铁路运输公司的合计经常性收益从 1492 亿日元到 5043 亿日元不等，彻底改变了改革前的巨额亏损现象。参见 [日] 日本国道交通省：《国鉄改革について（2011）》，网址：www.mlit.go.jp/tetudo/kaikaku/01.pdf，转引自王惠贤、李宏舟：《民营化改革后铁路行业的价格规制及线路维持——以日本为例》，《财经论丛》2014 年第 1 期。

④ 1978 年中华人民共和国铁道部（以下简称"铁道部"）尝试按职工工资总额的一定比例提取企业基金奖励企业，以提高企业的积极性。1981 年，铁道部将企业基金制度改为全额利润留成制度，按实现利润与核定的固定比例提取留成基金，用于职工福利和奖金。1983 年，在国家国企"利改税"政策的指引下，铁路企业开始按固定税率缴纳所得税，税后利润以逐年递增的方式与铁道部分成，扩大企业资金使用的自

任制①、建立现代企业制度②、资产经营责任制③、铁路局直管站段④以及主辅分离⑤等改革尝试。这些改革措施在一定程度上释放了铁路企业的活力，调动了铁路企业的积极性，在特定的历史时期对铁路行业的发展作出了应有的贡献。但是，随着各项改革逐步深入，铁路行业深层次的问题逐

主权，进一步激励企业经营的积极性。在让利改革的同时，铁道部进行了下放权力的改革。1982年，铁道部对所属铁路局下放了53项运输管理权限，让铁路运输企业享有部分自主经营权。

①　1986年，为加快铁路行业发展、赋予铁路企业更多自主经营权，国务院批准了铁道部实行"投入产出，以路建路"的经济承包责任制，铁道部实行包投入、包产出、包以路建路的"大包干"政策。铁路企业所应缴纳的所得税和税后利润全部留在铁道部，用于抵拨铁路预算内基建和技改投资资金。铁路企业按铁道部规定的指标结算企业留存利润。

②　党的十四届三中全会提出要建立"产权清晰、权责明确、政企分开、管理科学"的现代企业制度，在此精神的指引下，铁道部在所辖企业范围内进行了建立现代企业制度的改革尝试，1993年组建了广州铁路（集团）公司，1995年成立了大连铁道有限公司，1996年成立了广深铁路股份有限公司，并在香港联交所和纽约证券交易所上市，2002年成立了青藏铁路公司，2004年成立大秦铁路股份有限公司，并于2006年在上海证券交易所上市。

③　为实现铁路国有资产保值增值，实现政企分开，确立铁路运输企业的市场主体地位，1999年铁道部部长与14个铁路局局长签订了资产经营责任制合同，明确了铁路运输企业享有自主编制年度运输计划权、管内运输经营权、财务收支计划权、工资分配权等多项自主经营权，进一步明确了铁路行业政府与企业的关系，在一定程度上赋予了铁路运输企业更多的自主经营权。

④　为提高铁路运输企业的管理效率，缩小管理幅度，1996年开始，铁道部先后设立了直管站段的南昌铁路局、呼和浩特铁路局、昆明铁路局、柳州铁路局进行试点。2005年，铁道部撤销全路所有的铁路分局，并增设了太原铁路局、西安铁路局和武汉铁路局，在全路实行铁路局直管站段的垂直管理模式。

⑤　为减轻企业负担，建立铁路运输企业的真正市场主体地位，从2000年开始，国家将与铁路相关的设计、施工等企业从铁路部门剥离，移交国资委。同时，铁路部门所办的学校、医院等应由社会承担的机构移交政府。从2009年开始，铁路公、检、法机关移交地方，铁路改革逐步向建立真正的市场主体迈进。

步暴露，尤其是 2011 年前后，铁路部门受到了一些质疑。有学者直接指出，导致这些问题的深层次原因是铁路行业长期政企不分的管理体制。[①]因此，从根本上厘清铁路行业政府与企业的关系，推进铁路行业政企分开已经成为铁路行业必须解决的问题。2013 年 3 月 14 日，十二届全国人大一次会议表决通过了《国务院机构改革和职能转变方案》，将铁道部的职能一分为三，将铁道部拟订铁路发展规划和政策的行政职责划入交通运输部；组建国家铁路局，由交通运输部管理，承担原铁道部的其他行政职责；组建中国铁路总公司（以下简称"铁路总公司"），承担原铁道部的企业职责，不再保留铁道部。2017 年以来，铁路系统先后实施了铁路局公司制改革、铁路总公司机关内设机构改革、所属非运输企业公司制改革、铁路局集团公司内设机构改革等公司制改革措施。2019 年 6 月 18 日，经国务院批准同意，中国铁路总公司正式改制，成立中国国家铁路集团有限公司（简称"中国铁路"），依据《中华人民共和国公司法》（以下简称《公司法》）设立，性质为国有独资公司，承担国家规定的铁路运输经营、建设和安全等职责，负责铁路运输统一调度指挥，统筹安排路网性运力资源配置，承担国家规定的公益性运输任务，负责铁路行业运输收入清算和收入进款管理。[②] 通过这一系列的改革，国家从顶层制度的层面对铁路管理体制进行了设计，从制度的源头上破除了铁路行业政企不分的格局，基本确立了铁路行业政府与企业的合理关系，为继续深化铁路改革奠定了坚实的基础。

在不断探索和实践铁路行业内部改革的同时，国家开始尝试从铁路

---

① 李哲昕：《"7·23"动车追尾事故应急处理引发的法律思考》，《法学》2011年第 8 期。

② 中国国家铁路集团有限公司：《中国国家铁路集团有限公司在京挂牌成立》，2019 年 6 月 18 日，见 http://www.china-railway.com.cn/xwzx/ywsl/201906/t20190617_94563.html。

行业外部引入社会资本，希望通过社会资本的引入倒逼铁路行业深化改革，打破铁路行业的封闭垄断格局，弥补铁路建设资金缺口，建构铁路行业多元化投资主体制度。从 2005 年开始，国家先后发布了一系列规范性文件①，鼓励社会资本进入铁路行业，提出鼓励社会资本参与铁路建设和既有线路改造，以及参与铁路客货运输经营；并且提出要规范设置铁路行业社会资本准入的门槛，创造公平竞争、平等准入的市场环境，要求市场准入标准和优惠扶持政策要公开透明，对各类投资主体同等对待，不得单对社会资本设置附加条件；同时提出要探索建立铁路产业投资基金，积极支持铁路企业加快股改上市，拓宽社会资本进入铁路建设领域的渠道和途径。但是，以上一系列的政策出台后，虽然投资者对铁路行业开放政策的热情度很高，但由于政策原则性强、操作性不足，尤其是缺乏对投资者利益保护的具体制度，致使大部分投资者持观望态度，很少实际参与投资。即使有少量的投资主体进入铁路建设领域，也很少有成功的典范，鼓励社会资本进入铁路行业的改革未收到预期的效果。

---

① 2005 年，国务院发布了《国务院关于鼓励支持和引导个体私营等非公有制经济发展的若干意见》；2010 年发布了《国务院关于鼓励和引导民间投资健康发展的若干意见》；2013 年发布了《国务院关于改革铁路投融资体制加快推进铁路建设的意见》；2014 年发布了《国务院关于创新重点领域投融资机制鼓励社会投资的指导意见》。铁道部 2005 年发布了《铁道部关于鼓励支持和引导非公有制经济参与铁路建设经营的实施意见》；2012 年发布了《铁道部关于鼓励和引导民间资本投资铁路的实施意见》；2015 年国家发改委、财政部、国家铁路局等部门联合发布了《关于进一步鼓励和扩大社会资本投资建设铁路的实施意见》；2015 年国家发改委发布《关于做好社会资本投资铁路项目示范工作的通知》。国家铁路局 2019 年发布的《中华人民共和国铁路法 (修订草案)》(征求意见稿) 第 32 条提出，国家鼓励和支持通过多种融资形式筹集铁路建设资金。

（二）选题的意义

交通运输是社会生产的必要条件和社会再生产的重要环节，是国民经济发展的大动脉，担负着人们出行和货物运输的重要任务。铁路运输是交通运输的主要方式，具有运输成本低、运行速度快、运输能力强以及耗能少，受自然天气影响小等优势，是资源节约型、环境友好型的运输方式。在中国，由于受自然条件和经济发展状况限制，铁路运输是人们中长途出行和货物运输的主要交通方式，在交通运输业中处于基础性地位，与人们的生活息息相关。因此，加快铁路运输业发展不仅可以加快工业化和城镇化进程，带动相关产业发展，同时还有利于降低出行成本，提高旅行质量。由此可见，铁路运输不仅关乎经济发展，同时也是改善民生的工程。

目前，我国铁路投资最主要的主体是"中国铁路"，地方铁路投融资平台、部分国有企业与民营企业也参与其中，但除"中国铁路"外，其余投资主体投资铁路项目建设出资比例一般较低。[①] 铁路建设资金来源主要包括铁路建设基金[②]、国家开发银行的政策性贷款以及发行债券融资，还有少量铁路系统自筹资金和地方性铁路建设投入资金。但是铁路建设基金的增加空间已经十分有限[③]，并且"中国铁路"的资产负债率已经非常高，据中国铁路总公司 2019 年 4 月 30 日发布的《2018 年年度报告》，截至 2019 年 3 月 31 日，中国铁路总公司负债 5.27 万亿元，负债率为 65.63%。

---

① 任鑫、周宇：《我国铁路投融资：现状分析、问题剖析及改革政策取向》，《宏观经济研究》2015 年第 6 期。

② 铁路建设基金是指经国务院批准，从铁路货物运输费用中按照一定比例提取征收的专门用于铁路建设的政府性基金。该基金要求纳入政府性基金预算管理，专款专用。

③ 由于铁路建设基金的收取增加了铁路货物运输的成本，影响了铁路货运的竞争力，目前对其质疑和反对的声音已经十分强烈，增加的空间十分有限。

有学者预测，如果铁路投资仍在原有体制下保持高位运行，国铁的债务很快会增加到6万亿甚至7万亿元以上，情况将更加严峻①，依靠贷款和发行债券融资的空间也将受到极大的限制。因此，吸引社会资本进入铁路行业，建构铁路多元化投资主体制度是加快铁路行业发展的重要途径。大量引入社会资本，不仅可以弥补铁路建设资金的不足，还可以打破铁路行业的垄断格局，改善铁路运输市场的竞争结构，同时还可以帮助国有铁路运输企业改善治理结构，有利于铁路运输行业建立现代企业制度。但是，目前吸引社会资本投资铁路行业的改革陷入尴尬境地。虽然国家发布了一系列吸引社会资本进入的鼓励性政策，投资主体却忧心忡忡，举足不前。由于铁路行业具有规模经济、范围经济、网络经济和公益性等特征，社会资本进入铁路行业比投资一般行业要困难，它需要一系列的制度保障。但这不是绝对的阻碍因素，各国铁路民营化改革的实例可以充分证明铁路行业社会资本准入在技术上的可行性，铁路行业的特殊性只是阻碍铁路行业社会资本准入的表面因素，不是实质因素。而铁路行业内部"中国铁路"一家独大，封闭垄断、缺乏公平自由的市场竞争环境，以及缺乏保障投资主体利益的法律法规才是阻碍社会资本进入铁路行业的真正原因。

要走出这种尴尬的境地，一方面需要国家继续深化铁路改革，积极培育良性竞争的铁路运输市场环境。通过铁路运输行业市场化改革，打破铁路独家垄断运输的局面，合理引入竞争，积极培育竞争主体，建构铁路行业市场竞争机制。另一方面需要国家从立法层面建构保护投资主体权益的制度。目前社会资本进入铁路行业缺乏明确的准入制度，导致铁路行业社会资本进入渠道不畅；缺乏公平的运营保障制度，导致社会资本进入铁路行业后很难开展正常的自主经营；缺乏严格的监管制度，致使社会资本进

---

①　荣朝和：《铁路可持续发展必须明确事权与支出责任》，《北京交通大学学报》（社会科学版）2019年第3期。

入铁路行业后无法获得公平竞争的权利；缺乏规范的退出制度，增加了社会资本进入铁路行业后退出的风险。因此，要建立完整的社会资本进入铁路行业的法律法规，需要从准入、运营、监管以及退出四个环节入手进行制度设计，通过制度的建构达到能够切实保证投资主体权益的效果，打消投资主体投资铁路的顾虑。铁路行业社会资本准入制度是建立社会资本进入铁路行业法律制度的首要环节，只有建立清晰、规范和科学的铁路行业社会资本准入制度，才能降低社会资本投资进入铁路的难度，保证铁路行业社会资本准入渠道的畅通，从起点上达到吸引社会资本进入铁路行业的目的。因此，铁路行业社会资本准入研究具有极强的理论和现实意义，可以为国家制定铁路行业社会资本准入政策和《铁路法》修改提供理论依据。

二、文献综述

(一) 经济学文献综述

1. 自然垄断理论与铁路改革的经济学文献综述

约翰·穆勒 (J.S.Mill)、亨利·卡特·亚当斯 (H.C.Admas)、米勒 (Miller)、萨缪尔森 (Samuelson)、斯蒂格里茨 (Stiglitz)、鲍莫尔 (Baumol)、潘札 (Panzar)、威利格 (Willig)、夏基 (Sharkey) 等著名经济学家对自然垄断理论进行了系统的阐述。铁路行业作为典型的自然垄断 (Natural Monopoly) 行业，不同时期关于自然垄断理论的观点对铁路行业改革有着深远的影响。国内经济学学者王俊豪、于良春、荣朝和等对自然垄断理论也进行了深入的研究。其中，荣朝和对铁路这一自然垄断行业的研究最具代表性，其在《关于铁路规模经济与范围经济的探讨》(2001 年) 一文中指出，铁路行业具有规模经济、范围经济和网络经济特征，铁路行业的规模经济和范围经济主要由运输密度经济和幅员经济体现，而运输密度经济则主要由线路通过密度经济、载运工具运输能力、车队规模经济、港（站）枢纽处理协调能力经济等体现，幅员经济则由线路延长和服务节点增多来体现。

另外，在自然垄断理论与铁路改革领域，谭克虎对美国铁路行业的管制进行了系统研究；刘代安从我国及欧洲、美国和日本的铁路路网成本与定价实践考察入手，研究了我国铁路路网的成本和定价问题；李红昌进行了铁路管制的契约分析；于军进行了铁路重组的理论与实践研究；肖兴志、李海莺从规制经济学的视角进行了研究；孙玉升对铁路产业激励规制进行了研究；李华伟对铁路运输业价格与市场结构规制改革进行了研究；李越川对中国铁路运输企业产权制度变迁进行了研究；陶然对中国铁路新线建设的公益性进行了研究；王会宗对中国铁路运输业行政垄断与引入竞争问题进行了研究；孙敏对中国铁路重组利益相关者利益需求及协调进行了研究；姜琪对中国铁路运输业的有效竞争问题进行了研究。这些著作和博士论文从经济学角度对铁路行业改革的各个方面进行了深入研究，为铁路行业深化改革提供了丰厚的理论依据。

2. 铁路行业社会资本准入的经济学文献综述

国外学者对铁路行业社会资本准入的研究主要是从民营化的角度入手，其支撑铁路民营化改革的理论主要有公共选择理论、所有制与效率关系理论和委托代理理论等相关理论。公共选择理论认为，政府摆脱困境的最好方法是打破政府垄断，引入公私之间的竞争，相信市场比政府更有利于资源的有效配置，认为民营化是一种倾向于由市场发挥作用的制度安排。其代表人物"世界民营化大师" E.S. 萨瓦斯（E.S.Savas）认为，属于必须由政府提供的公共服务政府应该提供，但可以通过合同承包、补助、特许经营等民营化的方式提供；休·史卓顿和莱昂内尔·奥查德提出的关于所有制与效率关系理论则认为，"私"比"公"天然有效率，所以应该减少公共服务中"公"的份额，公共服务更多的是通过民营化的方式实现。起初这一理论是民营化的主要支撑理论，但后来这一理论遭到广泛的质疑，质疑者否定"私"比"公"天然有效率的论断，并通过大量的实例证明"私"并不一定比"公"更有效率。委托代理理论则认为，由于存在信息不对称的事实，委托人在信息掌握不充分的情况下去谋划事情，其收益不如委托给一个具体的代理人来办理更有效率。因此，应该更多地通过民营化来提供公共服务。[①]

国内学者刘瑞迪在其著作《日本国有铁路改革研究》（2006年）中专门对日本铁路民营化改革进行了深入的研究；林晓言在其著作《铁路的民营化改革与市场融资》（2006年）中运用实证考察和效果评价的方法对铁路民营化的路径进行了深入研究，从微观层面将铁路民营化的路径分为所有权路径、经营权路径和辅助路径三类，认为中国铁路深化改革的重点应该是进行自上而下的经营权民营化路径；王丽娅在其著作《民间资本投资基础设施领域研究》（2006年）中对民间资本进入基础设施领域的必要性、可行性、障碍以及路径选择等方面进行了系统研究，认为阻碍民间资本进入基础设施领域的因素除了行政审批、政策障碍外，更为重要的是技术障碍，由于基础设施行业的专业性，其运作程序、管理方式、技术标准、融资机制、融资方式等都有所不同，而民营企业受自身素质、专业知识、从业经验的局限，很难顺利地进入基础设施领域运营获利。因此，应该加强政府在规划指导、开放市场、加强监管、投资带动、政策扶持、强化服务、保障权益等方面的作用。刘霞在其博士论文《铁路行业外部资本进入壁垒》（2007年）中对外部资本进入铁路行业进行了实证分析和理论研究。通过实证分析，她认为我国铁路并不具有规模经济效应，因此，外部资本可以参与铁路建设，形成新的经营主体与"中国铁路"进行竞争，这样有利于提高铁路行业的效率，使铁路企业能够以更低的成本提供更优

---

① 林晓言：《铁路的民营化改革与市场融资》，经济科学出版社2006年版，第39—52页。

质的铁路运输服务。但是，"中国铁路"对合资铁路的非价格歧视非常严重，包括路网互通分配歧视、清算价格歧视等。并且，"中国铁路"对合资铁路实施非价格歧视所得到的收益，远远大于合资铁路的损失，歧视行为使原铁道部收益增加，原铁道部没有对"中国铁路"的非价格歧视行为进行规制的动力。因此，要改变外部资本不愿意进入铁路行业的状况，打破外部资本进入的壁垒，就必须突破模型的假设条件，改变铁路目前的市场结构，从政企分开、结构重组、改革铁路运价形成机制等方面共同推进改革。

（二）法学文献综述

1.公用事业企业改革的法学文献综述

铁路行业属于公用事业行业，法学学者研究铁路行业改革的大量文献主要集中于公用事业改革方面。鲁篱在《公用企业垄断问题研究》（2000年）一文中对各国公用企业反垄断法律举措比较后提出，我国应该改革公用企业的政府管理体制，实行真正的政企分离，导入竞争机制，提高经济效率，实行合理的价格管制，规范企业的竞争行为；郑少华在《论中国公用企业垄断行为的法律调控机制》（2002年）一文中通过分析中国公用企业垄断后认为，中国公用企业垄断行为形成的社会结构性原因在于国家行政权力膨胀，团体社会远未形成。他认为要规制公用企业垄断行为，必须重建行政规制机制，促进团体社会的发展，即应建立相互独立、相互制衡的企业运行机制，建立行业协会，建立各种消费者组织，建立行业信息披露制度，改革公共定价制度等；钟明霞在《公用事业特许经营风险研究》（2003年）一文中揭示了特许经营的市场准入及其风险、特许经营中的定价及其风险，并提出了政府和企业防范风险的对策；史际春、肖竹在《公用事业民营化及其相关法律问题研究》（2004年）一文中从公用事业、民营化的基本认识开始，追问公用事业为何能够而且需要民营化，公用事业如何民营化；并认为公用事业民营化是解决当前我国公用事业存在的种种弊端的有效途径之一，公用事业的民营化与竞争机制的引进相辅相成。在《反公用事业垄断若干问题研究——以电信业和电力业的改革为例》（2005年）一文中，两人又以电信业和电力业的改革为例研究了反公用事业垄断的必要体制支持以及《反垄断法》对公用事业领域限制竞争行为的适用问题；杨海坤、郭朋在《公用事业民营化管制与公共利益保护》（2006年）一文中指出，基于公益性保障的理念基准，行政许可的制度塑造应该从保护计划经济下的垄断行业利益转变为民营化背景下的公益保障价值基准。为了使公用企业切实承担起公益保障的责任，应该将公用企业纳入行政主体范畴中来，使其承担相应的公法义务，避免政府通过民营化方式规避其传统的公法义务；章志远在《公用事业特许经营及其政府规制——兼论公私合作背景下行政法学研究之转变》（2007年）一文中指出，近20年来我国公用事业特许经营在稳步推进的同时也面临着深刻的合法性危机，其具体体现为法律依据的低位阶、风险意识的双重匮乏和公众利益的极度虚置。消除危机的根本之道在于强化政府对特许经营的规制，通过规制目标的科学厘定、规制机构的统一设置和规制手段的审慎选择来确保特许经营的健康发展；周倩在《铁路行业适用〈反垄断法〉的豁免标准》（2009年）一文中指出，早期许多国家的《反垄断法》都普遍对铁路行业实行了部门豁免，由国家直接设立或者发起设立特殊的企业进行铁路经营，并由政府的严格管制来加以辅助。基于新自然垄断理论的发展，铁路行业内部可区分为自然垄断环节与非自然垄断环节，铁路行业适用《反垄断法》豁免的标准也应由部门豁免转为行为豁免；刘胜题、吕珺珺在《铁路行业改革与法治化市场化融资》（2012年）一文中认为，由于长期受计划经济体制影响，我国铁路行业留下了极强的行政垄断（国家垄断）烙印，非国有资本很难进入铁路的建设和经营，行业缺乏竞争、效率不高而且容易造成消费者的利益得不到有效保障，并指出铁路运输行业的市场化改革势在必行，改革的重点和难点是行政化的体制，改革的切入点是铁路建设投融资的法治化和市场化。

2. 准入的法学文献综述

在经济法领域，经济法学者对准入问题进行了一定程度的研究，代表性的成果主要有：李昌麒教授主编的《经济法学》（2008年）第八章对准入问题进行了研究，认为市场准入制度是有关国家和政府准许公民和法人进入市场，从事商品生产经营活动的条件和程序规则的各种制度和规范的总称，市场准入制度体系包括一般市场准入制度、特殊市场准入制度和涉外市场准入制度。吴弘教授在《市场准入法律制度的理论基础》（2010年）一文中对市场准入制度产生的基本原因、经济学基础和价值目标选择进行了研究，认为市场风险的防范、市场秩序的追求以及市场安全的保障是市场准入制度产生的基本原因；自然垄断、信息不对称和防止市场过度竞争、外部性是市场准入制度产生的经济学基础；安全、效率与公平是市场准入制度的价值追求。王晓晔教授在《非公有制经济的市场准入与反垄断法》（2005年）一文中对放松非公有制经济市场准入与反垄断立法的关系进行了研究，认为放宽非公有制经济市场准入是反垄断立法的条件之一，而保护不同所有制企业的公平竞争是《反垄断法》的基本原则之一；车丕照教授在《"市场准入""市场准出"与贸易权利》（2004年）一文中从国际法的角度分析了市场准入、市场准出与贸易权利的关系，他认为市场准入是政府的一项义务，基于国际条约所产生，有特定的内容，是政府对政府的义务，应该由政府自己履行，以政府制定和修改贸易和投资措施为基本表现形式；戴霞在其博士论文《准入法律制度研究》（2006年）中从市场准入与准入制度的区分入手，分析了市场准入的经济理论、政治理论，以及国内准入制度和国际准入制度，最后提出中国准入制度的改革和完善意见；肖海军在其博士论文《营业准入法律制度研究》（2007年）中从营业准入制度的构成要素、营业准入制度的权利基础、营业准入制度的经济分析、营业自由权利的入宪宣示、营业初始机会的平等分配、营业行政许可的立法控制、营业竞争环境的制度支撑等方面进行了分析，认为只有选择自由的、开放的营业准入制度，才是刺激投资积累、推动经济发展、促进贸易增长、增进社会福利、提高国家竞争力的最佳途径；王兰在《商事登记与市场准入关系的法经济学思辨》（2010年）一文中从对政府规制理论的批驳入手，运用法经济分析的方法分析了商事登记设置市场准入机制的目的、必要性和合理性。认为商事登记的制度设计应在公益与私益的客观辩证关系基础上，在宏观层面保障私权以及在最低层级上维护公共利益，凸显维护公私权益平衡的现代登记理念。

3. 铁路行业社会资本准入研究的文献综述

关于铁路行业社会资本准入问题的研究，现有文献主要有：张长青、郑翔（2012年）在《铁路法研究》一书中专章研究了铁路运输准入制度的理论基础、设置铁路运输市场准入制度的必要性、铁路运输市场准入制度的构成、国外铁路运输准入制度的介绍几方面，最后提出要完善铁路运输市场准入的法律法规、重构铁路政府监管职能、完善行政许可和提高政府管制效率等建议；陈力铭在其著作《综合交通运输准入法律制度研究》（2013年）中从综合交通运输市场准入制度的视角分别对铁路运输准入制度、公路运输市场准入制度、航空运输市场准入制度、水路运输市场准入制度、管道运输市场准入制度进行了研究；孙林在《铁路货物运输市场准入法律问题研究》（2005年）一文中从铁路承运人的定义、特点、条件以及铁路货物运输经营许可证四个方面研究了铁路货物运输市场准入法律问题。

通过梳理相关文献可知，目前研究铁路行业的现有文献中，经济学相关文献较多，而法学相关文献较少。经济学文献主要集中在自然垄断理论和铁路运输行业改革方面，其中，铁路民营化改革方面也有一定数量的文献；法学文献则主要集中在公用事业改革和准入制度两个领域，关于铁路行业市场准入方面只有少量文献涉及，并且主要是介绍国外铁路民营化改革经验、国内铁路运输市场准入制度存在的问题以及改善途径，目前还没有学者从社会资本进入铁路行业的视角系统地研究铁路行业社会资本的准入问题。

三、研究思路

鼓励社会资本进入铁路行业是近几年来国家力主推行的主要政策，但是，由于铁路行业缺乏保障投资主体权益的具体制度，始终无法消除投资主体投资铁路行业的顾虑，无法达到吸引社会资本进入的政策目的。针对现实问题，从铁路行业社会资本准入的视角，对铁路行业社会资本准入理论体系进行系统研究，以期对国家制定铁路行业社会资本准入制度提供立法上的参考依据。

本书采用总分法对论文结构进行设计，首先对铁路行业社会资本准入的概念及相关问题进行研究，然后对铁路行业社会资本准入的各个部分分别进行研究，最后对铁路行业社会资本准入的制度支撑及准入后的监管问题进行研究，具体为：

第一章首先对铁路行业社会资本准入的基本概念进行界定，然后从铁路行业的特殊性和中国的特殊国情入手，对铁路行业社会资本准入的必要性和可行性进行充分论证，在肯定设置铁路行业社会资本准入具有足够的必要性和可行性基础上，再深入论证设置铁路行业社会资本准入的价值，从更深的理论层次阐释铁路行业社会资本准入对铁路行业发展，以及对社会经济发展的重要作用。在此基础上，从实践层面提出设置铁路行业社会资本准入应该遵循的原则。

第二章运用历史分析法和比较分析法确立判断禁止社会资本进入铁路行业具体业务领域的标准为安全性标准和公益性标准，并结合中国的特殊国情，依据所确立的标准对铁路行业具体业务领域进行判断，最终建立铁路行业社会资本准入领域制度。

第三章在充分阐明准入条件构成要件的基础上，选择铁路行业社会资本准入条件制度设置的具体业务环节，并运用比较分析法和经济分析法设置具体铁路行业社会资本准入条件制度。

第四章在充分阐释准入程序构成要件的基础上，将准入程序内容转变为权利与义务内容，然后选择铁路行业社会资本准入程序制度设置的具体环节，并运用价值分析法、社会分析法和经济分析法论证准入程序设置的合理性，并对具体准入程序制度进行权利与义务分配，进而建构具体准入程序制度。

第五章在前几章设置的原则和规则基础之上，为违反铁路行业社会资本准入原则和规则的违法行为确立具体法律责任，其目的是保障前几章确立的具体准入规则能够顺利实施。设置铁路行业社会资本准入法律责任的思路为：首先确立准入法律责任的考量因素，然后选择设置铁路行业社会资本准入法律责任的具体路径，最后按照不同准入责任主体的不同违法行为确立具体的准入法律责任。

第六章是对铁路行业社会资本准入最主要的支持制度进行研究。铁路行业社会资本准入只能解决准入渠道不畅通的问题，而无法保障铁路行业社会资本准入后的正常运营问题。因此，在系统研究了铁路行业社会资本准入之后，应该对最主要的支撑制度进行必要的研究，以确保铁路行业社会资本准入后能够正常运营并实现盈利。该章主要研究了保障铁路行业社会资本准入的主体制度、定价制度和公益性补贴制度。

第七章是对铁路行业社会资本准入后的监管问题进行研究。全面、严格、公平公正的监督管理是营造铁路行业良好营商环境、培育铁路行业自由公平竞争秩序的重要保障，是社会资本投资准入后实现营利的前提条件。因此，本章在系统研究社会资本准入制度及支撑制度后，从监管宗旨、监管原则、监管主体、监管内容以及监管存在的问题及改进措施等方面进行深入研究，提出要完善监管主体职权，提高监管能力；完善监管主体法律责任，提高监管约束力；完善监管协调机制，提高监管效率。

四、研究方法

"工欲善其事，必先利其器"①，要想得出正确可行的研究结论，必须运用科学的研究方法，结合研究的实际情况，本书主要运用价值分析方法、比较分析方法、历史分析方法、经济分析方法、社会分析方法等方法。

（一）价值分析方法

在法学研究领域，价值分析方法主要用来论证某一制度、原则和规则的合理性及正当性。本书既运用价值分析方法论证铁路行业社会资本准入的合理性和正当性，同时也论证铁路行业社会资本准入领域、准入条件、准入程序以及准入法律责任制度的合理性和正当性，并且在具体制度的原则、规则设计中，运用价值分析方法判断其中的合理性和正当性。可以说，价值分析方法的运用基本贯穿于文章的各个部分。

（二）比较分析方法

在法学研究领域，比较分析方法主要是指对不同国家、不同行业的制度进行比较，发现它们各自的优点和缺点，并将比较结果用于论证所研究制度的合理性。本书通过比较美国、德国、英国、法国、日本等国家铁路行业社会资本准入制度，以及比较公路、民航、电力等行业的社会资本准入制度，从其他国家和其他行业的制度优点中吸取精华，并进行符合中国

---

① 《论语·卫灵公》。

国情的铁路行业社会资本准入制度设计。

（三）历史分析方法

在法学研究领域，历史分析方法是指对某项制度某个期间的历史进行梳理和分析，用历史的经验和数据论证所研究制度设计的合理性和可行性。本书主要对中国清末时期、民国时期铁路行业社会资本准入的历史进行研究，通过对帝国主义以修筑铁路为手段侵略中国的历史进行分析，论证外资和民间资本进入铁路行业可能带来的安全性问题，从而确立安全性标准，以便合理判断铁路行业哪些具体业务领域应该禁止社会资本准入。

（四）经济分析方法

在法学研究领域，经济分析方法是指运用投入产出的方法对某项制度进行成本效益分析，从经济学的视角论证制度设计的合理性。本书主要运用经济分析方法论证铁路行业社会资本准入的效率价值，以及从成本效益的角度分析设置铁路行业社会资本准入的可行性。在具体的铁路行业社会资本准入领域、准入条件、准入程序和准入法律责任制度设计中，运用经济分析方法论证设置具体制度的可行性和合理性。

（五）社会分析方法

制度的设计必须考虑其所处的社会环境，只有对其所处社会环境有充分的了解，才能设计出适合所处特殊社会环境的制度，所设计的制度才会具有可行性。在法学研究领域，社会分析方法是指运用实证研究方法分析某项制度所要解决的社会问题，并针对具体的社会问题论证设计制度的合理性和可行性。本书运用社会分析方法论证铁路运输在中国的特殊国情，并针对中国特殊国情判断铁路行业禁止社会资本准入的具体业务领域，以及设计具体准入条件、准入程序和准入法律责任制度。

第一章
铁路行业社会资本准入的机理

    对铁路行业社会资本准入的机理进行阐释是系统建构铁路行业社会资本准入理论体系的重要环节，只有对相关的基本概念、必要性、可行性、价值和原则等基本问题有了清晰认识，并将其作为理论基础，才能建构科学可行的具体制度。

第一节　铁路行业社会资本准入的
相关概念界定

    概念是解决法律问题所必需的工具。没有严格的概念限定，我们便不能理性地思考法律问题。[①] 对相关基本概念进行清晰准确的界定，可以更深刻地揭示铁路行业社会资本准入的特性，从而为系统建构铁路行业社会资本准入制度做好理论上的铺垫。

[①]　[美] E. 博登海默：《法理学：法律哲学与法律方法》，邓正来译，中国政法大学出版社 2004 年版，第 504 页。

一、铁路行业的概念界定

　　铁路行业是多功能叠加、多属性兼备的交通运输综合体，[①] 其范围非常广泛，包括铁路基础设施建设领域、铁路基础设施运营领域、铁路旅客运输服务领域、铁路货物运输服务领域以及其他与铁路相关的如机车车辆制造、机车维修、货运代理等领域。其中，铁路基础设施建设领域不涉及铁路行业准入中的安全性和公益性等核心问题，只要建设完工后不拥有铁路的所有权和经营权，则不论是外资还是民间资本投资建设铁路，只要工程质量合格都不会危及安全，也不会破坏铁路的公益性。而铁路基础设施质量合格的保障环节主要是规划、设计、施工等环节，铁路建设的规划由国家发展规划部门行使，铁路设计、施工等环节则由设计单位和施工单位负责，目前铁路设计和施工等业务早已市场化，主要通过招投标程序完成。因此，铁路基础设施建设只要有足够的资金即可，除资本条件之外，无须更多的准入限制。另外，其他与铁路相关的业务领域，虽然对铁路运输安全和铁路运输行业的整体发展也很重要，但这类业务相对于一般的市场准入业务来说特殊性不强，公益性特征也不明显，所以这些铁路业务亦无须专门设置准入制度进行特殊限制，它们更适合市场化竞争，通过市场调节进行资源配置。所以，若无特殊说明，本书所指的铁路行业主要是指铁路基础设施的运营领域、铁路货物运输服务领域和铁路旅客运输服务领域，本书的研究即以这三个领域为主线展开论证。

---

　　① 刘宇、方雷：《政企分开后我国铁路行业改革的困境与出路》，《改革》2018年第 7 期。

二、社会资本的概念界定

目前学界和实业界对社会资本的含义有两种不同的理解。一种意义上的社会资本是指相对于物质资本和人力资本而言的资本形式。社会学、经济学和政治学学者在理论上对这种意义上的社会资本进行了充分的研究。皮埃尔·布迪厄认为，社会资本是一种或多或少被制度化的相互默认和认可关系的持久网络；罗纳德·伯特认为，社会资本指的是朋友、同事和更普遍的可以获得使用其他资本机会的联系；而罗伯特·普特南则认为，社会资本是指能够推动协调和行动以提高社会效率的信任、规范和网络。[①]有学者更为明确地将其总结为，社会资本是以资本形态普遍存在于制度化关系网络之中，并能够被其使用者投资积累带来一定收益或便利的社会资源。[②]这种意义上的社会资本主要存在于社会关系网络中并能够带来收益的信任、合作、共享、互惠等社会资源。本书所指的社会资本不是这种意义上的社会资本。

另一种意义上的社会资本是指具体的资本形式，它与政府投资所形成的资本不同，它强调资本的增值性和收益性，目前在医疗、教育等公共事业领域被广泛使用。[③]2013 年国务院发布的《国务院关于改革铁路投融资

---

① 李惠斌、杨雪冬主编：《社会资本与社会发展》，社会科学文献出版社 2000 年版，第 31 页。转引自马长山：《社会资本、民间社会组织与法治秩序》，《环球法律评论》2004 年第 3 期。

② 林燕：《社会资本投资对我国居民福利改进的理论与实证研究》，博士学位论文，西南财经大学，2010 年。

③ 如《国务院办公厅转发发展改革委卫生部等部门关于进一步鼓励和引导社会资本举办医疗机构意见的通知》（国办发〔2010〕58 号）、《河南省人民政府关于创新投融资机制鼓励引导社会投资的意见》（豫政〔2011〕21 号）、《深圳市人民政府关于进一步鼓励和引导社会投资的若干意见》（深府〔2010〕81 号）、《关于进一步鼓励和扩大社会资本投资建设铁路的实施意见》（发改基础〔2015〕1610 号）、《关于推进政

体制　加快推进铁路建设的意见》（以下简称《铁路投融资意见》）和中华人民共和国交通部（以下简称"交通部"）2014 年 12 月 8 日发布的《铁路运输企业准入许可办法》、2015 年 7 月 10 日国家发改委、财政部、国土资源部、银监会、国家铁路局等联合下发的《关于进一步鼓励和扩大社会资本投资建设铁路的实施意见》中使用了"社会资本投资"的概念。本书所指的社会资本是这种意义上的社会资本，其范围主要包括民间资本、外资以及竞争性国有资本。[①] 民间资本属于社会资本是没有争议的，但是，对于外资和竞争性国有资本是否属于社会资本，还有不同的理解。有的学者在对社会资本的描述中使用了"要允许社会资本甚至是外资建设经营铁路[②]"，将社会资本和外资视为并列关系，显然将外资排除在外。而有

府和社会资本合作规范发展的实施意见》（财金〔2019〕10 号）等国家和地方规范性文件中均使用了社会资本概念。

　　① 由于特殊国情，我国拥有大量的企业国有资本，截至 2010 年底，全国国企资产总额达 68.6 万亿元，实现营业收入 32 万亿元，实现净利润 1.7 万亿元。参见国务院国有资产监督管理委员会党委：《坚定不移地推进国有企业改革发展》，《求是》2012 年第 10 期。按公益性不同可以将这些企业国有资产分为两类：一类是公益性较强的企业国有资产，这类企业国有资产有固定的公益性功能，只能从事国家规定的具体业务；而另一类则是公益性较弱而竞争性较强的企业国有资产，这类企业国有资产没有特定的任务，可以投资除法律禁止投资以外的领域。这种观点得到了官方的认可，2011 年 12 月 10 日，国资委副主任邵宁在"2011 中国企业领袖（第十届）年会"上提出，国有经济结构调整将使国企向两个方向集中，这两个方向分别为公益性质的国企和竞争领域的国企，公益性国企是直接用于公共事业的公用企业，在中央层面包括如石油石化、电网、通信服务等领域的企业，而在地方包括供水、供气、公共交通等方面的企业。这类国企有明确的经营范围，不能随意投资其他领域；竞争性国企间接用于公共目的的商业公司，如宝钢、中粮、一汽、中国建材等企业，它们以营利为目的，以国有资产的增值为原则。参见伯倩等：《国企分类改革：一个新起点》，《国企》2012 年第 1 期。关于国企分类的观点还可参见马俊驹：《国家所有权的基本理论和立法结构探讨》，《中国法学》2011 年第 4 期。

　　② 赵坚：《铁路管理与铁道部政企分开可行性研究》，《中国国情国力》2008 年第 6 期。

的学者则从原铁道部部有资本和非部有资本进行划分，将非部有资本定义为不属于原铁道部或国家铁路所有的资本，包括非部国有资本和非国有资本。将社会资本的投资主体界定为一些拥有实力和具有投资愿望的非部有国有企业和非国有企业[①]，这种划分方式显然已经将外资和竞争性国有资本包括在内。在铁路行业，外资和竞争性国有资本是否属于社会资本的范畴，应该考察鼓励社会资本进入铁路行业的政策目的。如果将外资和竞争性国有资本纳入社会资本的范围，让外资和竞争性国有资本享受鼓励社会资本进入铁路行业的政策，更有利于吸引社会资本进入铁路行业的政策目的的实现，并且大量的社会资本进入铁路行业，有利于弥补铁路建设的资金缺口，打破铁路行业的垄断格局，培育市场竞争机制，同时还有利于改善国有铁路运输企业的治理结构。[②] 因此，从目的性分析，将社会资本的范围做扩张性解释，将民间资本、外资和竞争性国有资本都纳入社会资本的范围较为恰当，《深圳市人民政府关于进一步鼓励和引导社会投资的若干意见》中对社会资本的界定支持了这种观点。[③]

三、准入的概念界定

准入主要指市场准入（Market Access），也称"准入制度"或"准入法律制度"，它产生于第二次世界大战后的关税与贸易谈判，我国最早使

[①] 林晓言：《铁路的民营化改革与市场融资》，经济科学出版社 2006 年版，第 8 页。

[②] 详细内容请参见亓道远：《社会资本投资铁路适格主体》，《河北法学》2013 年第 6 期。

[③] 《深圳市人民政府关于进一步鼓励和引导社会投资的若干意见》对社会资本进行了定义，认为社会投资是指除政府投资外，主要包括以集体、股份合作、联营企业、有限责任公司、股份有限公司、私营、个体等为投资主体的民间投资，国有或国有控股企业单位的投资以及以外商或港澳台商企业为投资主体的外商投资。

用"准入"概念的正式文件是 1992 年的《中美市场准入谅解备忘录》,之后这一概念被学界和官方正式文件广泛使用。

从国际法和国内法角度划分,可以将准入划分为国际法意义上的准入和国内法意义上的准入。国际法意义上的准入是指一国市场向外国资本、货物和服务等的开放程度,其突出特征是将准入的性质界定为一种义务,是政府通过缔结条约而对他国政府做出向其开放本国市场的允诺。这是一项基于国际条约所产生的法律义务,以一国政府制定和修改贸易和投资措施的制度为基本表现形式,是一国政府向他国政府履行承诺的义务①,是一种国家义务②。国内学者对国内法意义上的准入研究更为充分,形成了准许说③、限制说④、审查说⑤

① 车不照:《"市场准入""市场准出"与贸易权利》,《清华大学学报》(哲学社会科学版) 2004 年第 4 期。

② 贾晓燕、封延会:《市场准入——澄清、流变与制度构建》,《河北法学》2009 年第 7 期。

③ 准许说认为,准入是有关国家或政府准许自然人、法人进入市场从事经营活动的法定条件和程序规则的总称。参见李昌麒主编:《经济法学》(第二版),法律出版社 2008 年版,第 188 页。

④ 限制说认为,准入是市场管理机构为确保市场安全稳定与有序竞争,对国内外的法人、其他组织或个人,以及商品或服务进入一定市场、参与市场交易活动的约束与限制。参见吴弘:《市场准入法律制度的理论基础》,张守文主编:《经济法研究》第 7 卷,北京大学出版社 2010 年版,第 357 页。限制说的观点还可参见潘静成、刘文华主编:《经济法》(第三版),中国人民大学出版社 2008 年版,第 127—128 页;以及王林昌、宣海林、郑鸣:《我国市场准入秩序中存在的问题及成因》,《经济研究参考》2010 年第 53 期。

⑤ 审查说认为,准入是由国家行政管理机关依照法律政策对申请人是否具备市场主体资格并有能力从事经营活动进行审查核准,对符合条件的申请人及其经营事项和范围给予批准和许可的一系列具体制度。参见郝凯临:《论市场准入法律制度的创新——论政府企业登记管理制度的改革》,《中国工商管理研究》2002 年第 6 期。《公路建设市场准入规定》支持了此观点,第 3 条规定,公路建设市场准入是指对项目法人的资格审查和对从业单位的资信登记。资格审查是指政府交通主管部门对进入公路建设市场的项目法人的机构设置、人员配备和管理能力的审核确认;资信登记是指政

和干预说①等几种观点。这些观点从不同角度剖析了准入制度使用的手段和目的。但从本质上分析，国内法意义上的准入，其性质是国家对相关市场开放程度和市场秩序的管控，其深层次的目的可能体现于国家宏观调控战略的需要，也可能体现于社会主义市场经济体系建构的需要，其基本表现形式是法律、行政法规、规章和政府规范性文件。

依据准入的目的、条件和程序等要素可将国内法意义上的准入分为一般准入和特殊准入。一般准入是自然人、法人进入市场从事经营活动所必须具备的一般条件和必须遵循的基本程序规则，在经济法有关企业的制度中体现为企业设立登记制度。其根本目的在于维护私人之行商自由。②同时，它通过一般市场准入条件设置和一般准入程序的把控，过滤那些不符合条件的市场主体，从而可以达到对最低层级的公共利益和交易安全的维护。特殊准入是自然人、法人进入对公共利益有重大影响的特殊市场必须具备的特殊条件和必须遵循的程序规则。在经济法有关企业的制度中体现为企业设立的行政审批许可。③相对于一般准入，它有更为严格的准入条件和准入程序，其目的在于维护具有重大公共利益的特殊领域的竞争秩序和交易安全。

四、铁路行业社会资本准入的概念界定

铁路行业社会资本准入是准入制度在铁路行业的具体体现，它是国家

府交通主管部门对进入公路建设市场的从业单位的资历、能力和信誉的审核确认。

①　十预说认为，准入是政府（或国家）为了克服市场失灵，实现某种公共政策，依据一定的规则，允许市场主体及交易对象进入某个市场领域的直接控制或干预。参见戴霞：《准入法律制度研究》，西南政法大学2006年博士论文；此观点还可参见陈力铭：《综合交通运输准入法律制度研究》，北京交通大学出版社2013年版，第7—8页。

②　王兰：《商事登记与市场准入关系的法经济学思辨》，《现代法学》2010年第2期。

③　李昌麒主编：《经济法学》（第二版），法律出版社2008年版，第188—189页。

或政府为培育和规范铁路行业的竞争秩序，从而以法律、法规和规章等形式对铁路行业社会资本准入的原则、领域、条件、程序以及法律责任等内容作出明确规定的制度。

从类型化归属的角度分析，铁路行业社会资本准入兼属国际法和国内法意义上的准入，同时也兼属一般准入和特殊准入。

从一般性角度分析，铁路行业社会资本准入主要体现在国内法意义上的准入，其性质是国家对铁路市场开放程度和铁路运输市场竞争秩序的管控，其深层次的目的体现于国家在铁路行业宏观调控战略的需要，并以铁路法律、行政法规、规章或政府规范性文件的形式对国家向社会资本开放铁路市场进行具体的制度安排。但是，除国内法意义上的准入之外，在外资准入方面，铁路行业社会资本准入也属于国际法意义上的准入。2001年11月10日，中国加入世界贸易组织（以下简称"WTO"）时签订的《中华人民共和国加入议定书》之附件9《中华人民共和国服务贸易具体承诺减让表》中做出承诺，开放铁路货物运输及相关仓储服务和除货检服务以外的货运代理服务。[①] 这种承诺体现为国家义务，是中国政府对 WTO 成

---

①　依据《中华人民共和国加入议定书》附件9《服务贸易具体承诺减让表》，我国政府对外资开放铁路货运市场及相关领域的承诺如下：铁路货物运输对"跨境交付"和"境外消费"没有市场准入限制和国民待遇限制，对"商业存在"没有国民待遇限制，在市场准入方面规定自加入 WTO 之日起，外商进入仅限于合资企业形式，外资股比不超过49%，加入后3年内，将允许外资拥有多数股权，加入后6年内，将允许设立外资独资子公司；承诺所有运输方式的仓储服务对"跨境交付"不作承诺，对"境外消费"没有限制，对"商业存在"没有国民待遇限制，在准入方面规定自加入 WTO 之日起，外商进入仅限于合资企业形式，外资股比不超过49%，加入后1年内允许外资拥有多数股权，加入后3年内，取消限制，允许设立外资独资子公司；承诺所有运输方式的货运代理服务（不包括货检服务）对"跨境交付"和"境外消费"没有限制。对"商业存在"没有国民待遇限制，在准入方面规定自加入 WTO 之日起，允许有至少连续3年经验的外国货运代理在中国设立合资货运代理企业，外资股比不超过50%，加入后1年内，允许外资拥有多数股权，加入后4年内，允许设立外资独

员国政府的义务，符合国际法意义上准入的本质特征要求。

在一般准入和特殊准入的划分上，目前的主流观点认为，铁路行业社会资本准入属于特殊准入①，并在立法上有具体体现。但仔细分析铁路行业社会资本准入后可以发现，铁路行业社会资本准入包括铁路企业登记设立和铁路行业具体业务经营资格许可两个环节。以前，我们的认识将两个环节绑定，并将铁路行业具体业务经营资格许可作为设立铁路企业的前置程序。这种认识模糊了两个环节的功能区分，既增加了铁路行业社会资本准入的难度，也不利于铁路行业政府职能的正确行使。因此，随着铁路行业改革的不断深入，对铁路行业社会资本准入中铁路企业登记设立和铁路行业具体业务经营资格许可两个环节进行了重新认识。铁路企业的设立登记虽然相对于一般企业的设立登记条件更为严格，但其基本功能仍然是对铁路市场主体资格的确认，在准入程序上不需要审批，其性质仍然属于一般准入；而铁路行业具体业务经营资格许可的基本功能是国家对铁路市场秩序的具体管控，属于特殊准入，应该按特殊准入的要求办理。②

第二节　铁路行业社会资本准入的必要性

通过简政放权实现政府职能转变，一直是近年来国家持续推行的改

资子公司。同时要求合资企业的最低注册资本应不少于 100 万美元，加入后 4 年内，在这方面将给予国民待遇，合资企业的经营期限不得超过 20 年。参见原铁道部 2002 年 10 月 10 日颁布的铁政法〔2002〕70 号《铁道部关于印发〈中国加入 WTO 后铁路运输业面临的机遇挑战和对策〉的通知》。

①　陈力铭：《综合交通运输准入法律制度研究》，北京交通大学出版社 2013 年版，第 26 页。

②　具体理由将在第四章铁路行业社会资本准入程序中详细阐述。

革措施。党的十八大报告提出，要深化行政审批制度改革，继续简政放权。党的十八届三中全会通过的《中共中央关于全面深化改革若干重大问题的决定》提出要进一步简政放权，深化行政审批制度改革，最大限度减少中央政府对微观事务的管理。市场机制能有效调节的经济活动，一律取消审批，对保留的行政审批事项要规范管理、提高效率，实行统一的市场准入。党的十九大报告提出要转变政府职能，深化简政放权，创新监管方式，增强政府公信力和执行力，建设人民满意的服务型政府。《2018 年政府工作报告》指出，针对长期存在的重审批、轻监管、弱服务问题，我们持续深化"放、管、服"改革，加快转变政府职能，减少微观管理、直接干预，注重加强宏观调控、市场监管和公共服务。五年来，国务院部门行政审批事项削减 44%，非行政许可审批彻底终结，中央政府层面核准的企业投资项目减少 90%，行政审批中介服务事项压减 74%，职业资格许可和认定大幅减少。中央政府定价项目缩减 80%，地方政府定价项目缩减 50%以上。党的十九届四中全会通过的《中共中央关于坚持和完善中国特色社会主义制度　推进国家治理体系和治理能力现代化若干重大问题的决定》提出，要深入推进简政放权、放管结合、优化服务，深化行政审批制度改革，改善营商环境，激发各类市场主体活力。通过多年持续努力深化改革，我国已经从顶层制度设计层面厘清了改革方向，营造了简政放权的整体制度环境，为各行各业市场化改革提供了政策依据。但是，简政放权并不等于做"甩手掌柜"，并不等于政府对任何行业都放手不管，而是需要科学界定，转变重审批的管控手段，逐步建立规范统一的市场准入制度，划清政府与市场的界限。铁路行业属于国家重要的公共交通运输行业，涉及广大人民群众的日常生活出行和广大市场主体的货物运输，兼具营利性和公益性、垄断性和竞争性。因此，在逐步取消行政审批事项改革的同时，需要充分考虑公平与效率的价值考量，按照党和国家的政策要求，对铁路行业社会资本准入建立统一规范的准入制度，其必要性主要体现在以下几方面：

一、技术经济特征要求设置准入制度

在经济学中，规模经济是指厂商的规模越大，固定成本分摊到产品平均单位成本中的份额就越小，因此，一个企业生产该种产品要比多个企业同时生产该种产品更具有经济性；范围经济则是指对多产品进行共同生产要比单独生产更具有经济性，一个厂商同时生产多种产品要比单独生产一种产品更节约成本。铁路运输行业具有规模经济、范围经济和网络经济特征，它以铁路路网为基础，以火车为交通运输工具，借助火车站、编组站等服务设施按运行图从事客货运输服务，并且自成行业体系，具有极强的专业性和特殊性。

传统观点认为，铁路行业是典型的规模经济行业，并在实践中赋予其自然垄断地位，普遍采用国有化经营，由一家国有铁路企业提供铁路运输服务。[①] 但随着人们对铁路行业认识的深入，人们逐渐认识到铁路行业并非全部业务领域都具有规模经济特征，其自然垄断地位也并非必然，所以开始淡化铁路行业规模经济效应，并在实践中普遍推行了放松管制改革和民营化改革。然而，铁路建设投资大，回收期长，资本沉淀严重，而且修建铁路需要占用大量土地，如果在两地之间同时修建几条铁路从事铁路运输业务，虽然能够达到引入行业内部竞争的效果，但显然是不经济的。因此，无论铁路行业如何改革，铁路路网的建设运营业务领域仍然具有极强的规模经济特征，需要国家对进入铁路路网建设运营的企业数量和资格进

---

① 德国、英国、法国、日本等国家在铁路民营化改革前都由一家国有铁路公司提供铁路运输服务，美国虽然没有采用国有铁路独家经营铁路运输的模式，但对铁路行业进行了严格管制，2013年中国虽然对铁路行业进行了政企分开的改革，但仍然由中国国家铁路集团有限公司一家提供主要的铁路运输服务。

行管控。

　　而且，铁路运输产品的运输对象、运距和起讫点等要素都有差别，铁路运输产品只能把重量和距离复合在一起以吨／公里或人／公里计算；并且铁路运输产品的总计中往往又包括了多种不同的运输产品，在运输生产过程中分别体现在可移动的载运设备和运输基础设施的固定网络、线路及各个节点上，将铁路运输行业的规模经济、范围经济和网络经济特征交织在一起。铁路运输网络的线路长短，铁路运输线路通过的车辆密度，铁路运输设备的载运能力和铁路客货运车站的处理能力等都会对铁路运输效率和安全产生较大的影响。[①] 因此，我们不能忽视铁路行业的特殊性，放任社会资本随意进入铁路行业。只有充分考虑铁路行业的技术经济特征要求，在铁路行业设置合理的准入制度，对铁路行业开放的领域、方式和投资进入铁路行业的条件、程序等要素做出合理的限制，才能确保铁路运输安全和铁路行业的健康发展。

二、公益性特征要求设置准入制度

　　铁路运输与民用航空运输相比，虽然速度较慢但具有经济、安全、便捷和受天气影响较小等优势；与公路运输相比，铁路虽然便捷性不足但具有快速、安全、环保、舒适等优势；与水路运输相比，铁路虽然缺乏经济性和载重量的优势但具有快速、安全、舒适以及受天气和地理条件限制小等优势。从综合性指标分析，铁路运输具有经济、安全、环保、舒适、便捷以及受天气和地理条件限制小等优势特征，是长途旅行和内陆货物运输的基础性交通工具，其运输服务对象不是特定的广大社会公众，其提供的

---

　　① 荣朝和：《关于铁路规模经济与范围经济的探讨》，《铁道经济研究》2001 年第 4 期。

产品具有一定程度的生活必需性和产品必需性。① 因此，铁路运输不仅具有企业的营利性特征，同时还具有公益性特征。尽管随着民用航空和公路运输的快速发展，铁路运输的市场占有份额大幅减少②，但铁路运输作为社会公众出行和货物运输的基础性交通工具，是国民经济的大动脉，在经济和社会发展中具有不可替代的作用，其公益性特征仍然十分明显。

铁路运输的公益性特征决定了铁路行业不能完全市场化，不能放任社会资本任意进入铁路行业；相反，铁路行业在向社会资本开放时需要通过设置准入制度，明确准入领域、准入条件、准入程序以及准入法律责任，需要从制度设计的源头上确保社会公众必要的铁路运输需求能够得到满足。

三、安全性因素要求设置准入制度

安全是铁路运输永恒的话题③，是铁路行业能否生存的重要指标，是铁路行业社会资本准入的前提性要件。铁路行业社会资本准入的安全问题

---

① 张长青、郑翔：《铁路法研究》，北京交通大学出版社 2012 年版，第 122 页。

② 我国铁路客运量在各种运输方式中的比重从 1949 年的 75.2%下降到 2006 年的 6.2%，公路客运量在各种运输方式中的比重则从 1949 年的 13.2%上升到 2006 年的 91.9%；铁路客运周转量在各种运输方式中的比重从 1949 年的 83.9%下降到 34.5%，公路客运周转量在各种运输方式中的比重则从 1949 年的 5.1%上升到 52.8%；铁路货运量在各种运输方式中的比重从 1950 年的 46.32%下降到 2006 年的 14.54%，公路货运量在各种运输方式中的比重则从 1950 年的 41.23%上升到 2006 年的 73.96%；铁路货运周转量在各种运输方式中的比重从 1950 年的 86.66%下降到 2006 年的 47.34%，公路货运周转量在各种运输方式中的比重则从 1950 年的 2.06%上升到 2006 年的 21.03%。参见铁道部统计中心：《全国铁路历史统计资料汇编（1949—2006）》，中国铁道出版社 2008 年版，第 20—23 页。

③ 孙林主编：《运输法教程》，法律出版社 2010 年版，第 49 页。

体现在三个层次上：第一层次是铁路运输安全；第二层次是国民经济安全；第三层次是国家安全。铁路运输安全是最低层次的安全，也是最具体的安全，直接表现为避免发生铁路交通事故，涉及铁路路网设施安全和铁路运营管理安全等要素。铁路运输安全事故一旦发生，造成的伤亡较大，对具体受害者及其家庭一般都会造成毁灭性的打击，对社会公众会留下心理阴影，尤其是特大安全事故的发生或铁路事故的频繁发生，会冲击铁路行业的健康发展。[①] 因此，铁路运输安全要求铁路行业对社会资本设置准入制度，对进入铁路市场的主体设置条件限制，将不符合要求的市场主体排除在外，直接从入口把控铁路运输安全。

准入所追求的安全既是市场主体中个体或群体的安全，更是市场与经济社会的整体安全。[②] 除了铁路运输安全外，铁路行业社会资本准入还涉及国民经济安全，这是更高层次的安全。铁路运输是国民经济的大动脉，铁路运输市场的稳定健康发展是国民经济健康发展的重要组成部分。如果铁路运输市场受到冲击或大起大落对国民经济发展必然造成不良影响。因此，铁路行业向社会资本开放，如果没有准入制度限制，大量的外资或民间资本可以任意进入铁路行业进行炒作或突然撤资，会对铁路行业的健康发展造成冲击，进而危及整个国民经济安全。只有合理设置铁路行业社会资本准入制度，控制铁路行业社会资本准入的规模和质量，才能确保铁路行业和国民经济的健康发展。

国家安全是铁路行业社会资本准入必须考虑的最高安全要素。铁路

---

① 2011 年 7 月 23 日发生的甬温动车追尾事故造成 40 人死亡，172 人受伤，中断行车 32 小时 35 分，直接经济损失 19371.65 万元。引起社会公众广泛关注与争议。参见薛澜、沈华、王郅强：《"7·23 重大事故"的警示——中国安全事故调查机制的完善与改进》，《国家行政学院学报》2012 年第 2 期。

② 吴弘：《市场准入法律制度的理论基础》，载张守文主编：《经济法研究》第 7 卷，北京大学出版社 2010 年出版，第 354 页。

运输是国民经济的大动脉，是客货运输的基础性交通工具，尤其在发生
战争或其他危及国家安全的危机事件时，铁路运输必须承担军队和重要
物资的运输任务。如果没有科学合理的准入制度限制，铁路行业所有领
域任意向外资或民间资本开放，铁路运输将受制于外资或民间资本投资
主体。在发生危及国家安全的事件时，如果国家利益与投资主体利益发
生冲突，强行侵害投资主体利益则不符合市场经济原则，不符合我们努
力建设社会主义市场经济体系的宗旨，而不强行侵害市场主体利益则会
危及国家利益，将陷入两难的境地。因此，需要设置铁路行业社会资本
准入制度，合理限制向社会资本开放的领域，从市场入口堵截危及国家
安全的因素。

四、合理竞争秩序建构要求设置准入制度

市场经济的灵魂是竞争，而且是良性的竞争，竞争不足或竞争过度都
不属于良性竞争的范畴，都会损伤市场经济的健康发展程度。竞争不足则
市场主体缺乏压力和动力，直接表现为市场缺乏效率；竞争过度则导致市
场主体的压力过度，往往导致恶性竞争，直接表现为市场主体采用不正当
竞争手段损害竞争对手，破坏市场竞争秩序。秩序是人类一切活动的必要
前提，它意味着某种程度的关系的稳定性、结构的一致性、行为的规则
性、进程的连续性、事件的可预测性以及人身财产的安全性。[①] 因此，建
构良好的竞争秩序是市场经济的内在需求，这种秩序有利于竞争，服务于
竞争，为竞争创造条件，并以促进和维护竞争为圭臬。它的建构需要主
体的多元性、意思的自治性、行为的独立性、地位的平等性和市场的开

---

① 张文显：《法哲学范畴研究》（修订版），中国政法大学出版社 2001 年版，第
195—196 页。

放性。①

　　铁路行业长时期被视为自然垄断行业，缺乏竞争是困扰铁路行业发展的主要原因，并且饱受学界的指责。近年来，国家颁布了一系列的政策吸引社会资本进入铁路行业，并试图通过社会资本的引入培育铁路市场的竞争主体和实现铁路市场的开放性改革，从而建构铁路运输市场的良好竞争秩序。但是必须清醒地认识到，铁路运输市场开放不足则缺乏效率，相反，如果铁路运输市场门槛过低、开放过度则会导致过度竞争，仍然对铁路运输行业发展不利。因此，要建构铁路运输市场的良性竞争秩序，需要设置铁路行业社会资本准入制度。不仅要通过铁路行业社会资本准入的规范设置，降低铁路行业社会资本准入的成本，吸引社会资本投资铁路行业；同时也要通过铁路行业社会资本准入制度的设置，把控铁路行业社会资本准入的数量和质量，保持合理的竞争规模，防止未来铁路运输市场出现恶性竞争。

　　基于铁路行业的技术经济特征、公益性特征、安全性因素以及建构铁路运输市场合理竞争秩序的考虑，建立铁路行业社会资本准入制度具有充分的必要性。

第三节　铁路行业社会资本准入的可行性

一、理论上的可行性

　　传统的经济学观点认为，铁路运输服务是居民需求的基本服务，属于

---

　　①　邱本：《经济法研究（上卷：经济法原理研究）》，中国人民大学出版社 2008年版，第 126 页。

公共产品，具有非竞争性和非排他性特征。铁路建设投资大，回收周期长，资本沉淀严重，具有规模经济、范围经济和网络经济特征，属于典型的自然垄断行业。在铁路的公共产品属性和自然垄断属性理论指导下，大多数国家对铁路行业采取国有化经营或严格管制的政策，限制新企业进入铁路行业。在这种理论认识的指导下，铁路行业社会资本准入被限制，甚至投资的可能性都被剥夺，设置铁路行业社会资本准入制度的可行性也就不复存在。

铁路行业的公共产品属性和自然垄断属性理论充分考虑了铁路运输的公益性特征，在特定历史时期确实起到了维护社会稳定、促进经济快速复苏等作用。但是，这种理论忽略了铁路运输的营利性，阻碍了铁路行业内部竞争机制的形成，严重影响了铁路运输行业内部的效率。随着经济社会的不断发展以及其他交通运输方式的快速发展，这种理论指导下的运营模式使各国铁路的运营陷入困境、亏损严重，而且政府需要提供大量的财政补贴才能勉强维持运营。运营的失败迫使人们反思这种理论的正确性，并开始重新审视铁路公共产品属性和自然垄断属性的合理性。随着对理论认识的逐步深入，人们开始对铁路行业业务领域进行细分，并逐渐认识到，并非所有铁路行业业务领域都具有公共产品属性和自然垄断属性，部分铁路行业业务领域存在可竞争性和可排他性，并且属于非自然垄断业务。尤其是铁路货物运输领域和其他可竞争性领域不具有公共产品属性和自然垄断属性，可以允许社会资本进入。

在这种理论认识的转变下，美国分别于1976年制定了《铁路复兴和管理改革法》，1980年制定了《斯塔格斯铁路法》，放松了对铁路行业的严格监管；日本于1986年颁布了《日本国有铁道改革法》《铁道企业法》等相关法律开始了铁路重组和民营化改革。欧盟委员会于1991年批准通过了《欧盟委员会91/440/EEC指令》，规定了铁路行业实现政企分开、网运分离、市场准入等内容，并要求各成员国从1993年起必须执行。在欧盟委员会的主导下，英国于 1993 年修改了《铁路法》，明确铁路货运和行包运输由私营企业经营，将铁路行业划分为线路运营和运输运营两部分，并且在财政、税收等方面实行优惠政策鼓励私营企业进入铁路运输领域。德国于 1993 年通过了铁路改革方案，并修改了基本法①，开始实行铁路网运分离和股份化改革。法国于 1997 年成立法国铁路路网公司（RFF），开始实施路网分离改革。理论认识的变化为铁路行业社会资本准入提供了理论支持，从而也为设置铁路行业社会资本准入制度提供了理论上的可行性。

二、技术上的可行性

铁路行业社会资本准入技术上的可行性论证，其难点并不在于准入制度设计技术上的可行与否，而在于社会资本进入铁路行业在技术上是否可行。传统观点认为，铁路运输具有极强的专业性，是独立的运输体系，只有保持路网的完整性和进行统一调度指挥才能保证铁路运输的高效与安全。如果开放铁路行业允许社会资本进入，将无法保证铁路运输的高效与安全。因此，传统观点以铁路路网的完整性和统一调度指挥需求阻碍社会资本进入，并以此作为绑架政策的利器。该观点在《中华人民共和国铁路法》（以下简称《铁路法》）第 3 条第一款中得到了法律的确认。② 但是，随着大家对铁路运输系统专业技术认识的深入，逐步发现铁路专业技术并不是阻碍社会资本进入的决定性因素。

其一，铁路路网的完整性不是阻碍社会资本投资的专业技术障碍。铁路路网的完整性主要要求路网在物理上的完整性，而非经营上的完整性。

---

① 德国基本法（相当于宪法）规定德国铁路实行国营，因此，要进行铁路民营化改革必须修改基本法。

② 《铁路法》第 3 条第一款规定，国务院铁路主管部门主管全国铁路工作，对国家铁路实行高度集中、统一指挥的运输管理体制。

而铁路路网物理上的完整性只需要所有铁路线路相互连通，并且采用同样的技术标准就能达到。有学者指出，铁路路网经营上的完整性是一个模糊概念，如果说路网由多家铁路运输企业分别经营管理就是路网分割，那么在市场经济体制中路网就应当由多家企业经营管理，世界各国的铁路路网都是由不同的铁路公司经营管理。① 因此，从铁路路网的完整性分析，它并非阻碍铁路行业社会资本进入的技术障碍。

其二，统一调度指挥不是社会资本进入铁路行业的技术性障碍。铁路运输调度指挥包括铁路行车调度指挥和铁路车流调整调度指挥。铁路行车调度指挥由各铁路运输企业的行车调度台实施，具体由列车调度员在其负责的区段内统一调度指挥，目的在于保证铁路行车的安全和准点运行。从铁路运输的专业技术分析，铁路行车调度指挥在铁路运输企业内部完成，无须借助更高层次的协调统一指挥，因此，铁路行车调度指挥不是阻碍社会资本进入的专业技术障碍。

铁路车流调整调度指挥通过调度日（班）计划实现，它是从整体上对铁路车流量进行合理控制和分布，目的在于保持铁路线路上车流量的相对稳定和均衡，防止某些区段车流量过大而导致拥堵，或某些区段车流量过少而无法满足运输需求，从而在整体上提高铁路路网的运行效率。铁路车流调整调度指挥是更高层次的调度指挥，需要具备全局性战略视角，但它可以通过路网分离或铁路运输企业的区域化重组实现，如欧洲的网运分离经营模式就是通过路网公司整体运营实现车流调整的统一调度指挥；而美国和日本则是通过铁路运输企业区域化重组，扩大铁路运输企业的路网经营里程，尽量实现铁路运输企业内部的车流调整调度指挥。② 另外，还可

---

① 赵坚：《关于路网完整性与统一调度指挥的经济学分析》，《综合运输》2007年第 11 期。

② 此部分主要参考了赵坚教授的研究成果，参见赵坚：《铁路管理与铁道部政企分开可行性研究》，《中国国情国力》2008 年第 6 期。

以通过独立组建铁路运输调度指挥业务公司，由其独立公正地向各类铁路运输主体提供调度指挥服务。因此，从铁路专业技术分析，铁路车流调整调度指挥也不是阻碍社会资本进入的技术性障碍。

其三，世界各国的历史经验证明，不存在社会资本进入铁路行业的技术性障碍。美国铁路行业主要以私人投资为主，拥有世界上最长的铁路里程[1]；德国铁路行业通过网运分离和民营化改革，引入了大量社会资本[2]；英国铁路行业通过网运分离改革和民营化改革、日本铁路行业通过区域化分割改革和民营化改革也吸引了大量社会资本。因此，目前世界上大多数国家放松铁路管制以及民营化改革的发展历程都可以证明，社会资本进入铁路行业在技术层面上和行业特征上并不存在根本性的阻力。

通过以上的分析可以证明，社会资本进入铁路行业具有技术上的可行性。在此前提下，铁路行业社会资本准入的领域、条件、程序和法律责任等制度设计方面只存在利益博弈，不存在技术上能否实现的难题。因此，设置铁路行业社会资本准入制度在专业技术上具有可行性。

三、政策上的可行性

2005 年，国务院发布了《国务院关于鼓励支持和引导个体私营等非公有制经济发展的若干意见》（以下简称"非公 36 条"），提出允许非公有

---

① 1916 年，美国铁路营业里程达到历史上的最高点 25.4 万英里，超过当时世界其他各国铁路里程的总和。参见孟祥春：《美国铁路的历史沿革与管制变迁》，《理论学习与探索》2008 年第 3 期。

② 德国从 1984 年到 1993 年底的十年期间，东西部铁路总投资完成 77.51 亿德国马克，但从 1994 年实施铁路改革后，1994 年到 1997 年底第一阶段结束的四年期间德国完成投资达 138.08 亿德国马克，增长 79.2%，而 1998 年至 2002 年德铁计划完成投资达 804.85 亿德国马克，这样的投资规模在德铁国营时代根本是不可想象的。参见孔琦：《德国铁路改革之路》，《铁道运营技术》2000 年第 3 期。

资本进入铁路等垄断行业和领域，从政策层面开启了允许社会资本进入铁路行业的先河。2010 年，国务院继续发布了《国务院关于鼓励和引导民间投资健康发展的若干意见》（以下简称"新非公 36 条"），提出鼓励民间资本参与铁路干线、铁路支线、铁路轮渡以及站场设施的建设，允许民间资本参股建设煤运通道、客运专线、城际轨道交通等项目，进一步阐明了鼓励社会资本进入的政策态度。2013 年，国务院专门发布了《铁路投融资意见》，明确指出要向地方政府和社会资本放开城际铁路、市域（郊）铁路、资源开发性铁路和支线铁路的所有权、经营权，同时提出要研究设立铁路发展基金，以中央财政性资金为引导，吸引社会法人投资铁路，并对铁路运价机制进行改革以及建立铁路公益性、政策性运输补贴等方面进行了工作部署，从落实政策精神的角度积极为社会资本进入铁路行业创造了良好环境。2018 年，国务院发布了《国务院办公厅关于聚焦企业关切进一步推动优化营商环境政策落实的通知》（国办发〔2018〕104 号），要求国家发展改革委、商务部要牵头负责，在 2018 年底修订并全面实施新版市场准入负面清单，推动"非禁即入"政策普遍落实；要求国家发展改革委要加强协调指导、督促工作，有关部门和地方按职责分工尽快在民航、铁路、公路、油气、电信等领域，落实一批高质量的项目吸引社会资本参与。

在国务院政策的指引下，铁道部分别于 2005 年和 2012 年发布了《铁道部关于鼓励支持和引导非公有制经济参与铁路建设经营的实施意见》（以下简称"铁道部 2005 年意见"）和《铁道部关于鼓励和引导民间资本投资铁路的实施意见》（以下简称"铁道部 2012 年意见"），提出允许非公有资本进入铁路建设、运输经营及运输装备制造等领域，同时宣誓性地提出要加快推进铁路投融资体制改革和转变铁路政府职能。2014 年 12 月 8 日，交通运输部颁布了《铁路运输企业准入许可办法》，对铁路货物运输和旅客运输业务的许可条件和程序进行了初步规定。2017 年 9 月 29 日，交通运输部对其进行了修订：一是放宽了许可条件，对于仅有铁路基础设施使用权的企业，取消了有关机车车辆所有权的硬性条件，将第六条第（二）款"拥有符合国家标准、行业标准以及满足运输规模需要数量的机车车辆的所有权或者使用权。但仅有铁路基础设施使用权的，应当拥有机车车辆的所有权"修改为"拥有符合国家标准、行业标准以及满足运输规模需要数量的机车车辆的所有权或者使用权"。二是调整了许可对象，明确铁路资产方和运营方有关许可的适应性。将第八条"拥有铁路基础设施所有权的申请企业，可以通过合作、委托等经营方式满足本办法第六条、第七条规定的其他条件"修改为"拥有铁路基础设施所有权的企业采取委托经营方式的，受托企业应当取得铁路运输许可证"。修改后，企业可以通过租赁、受托等方式取得铁路基础设施和机车车辆使用权，从事铁路运输经营，但此类企业可以并应当取得铁路运输许可证。另外，在铁路资产与运营分离的情况下，例如铁路资产企业委托其他企业运营，受托方应当取得铁路运输许可证，委托方无须申请办理铁路运输许可证。[①] 虽然该办法的内容还不具有系统性和完整性，但从政策可行性的角度分析，《铁路运输企业准入许可办法》的颁布，在一定程度上为设置铁路行业社会资本准入制度提供了法律实践的尝试，为系统建构铁路行业社会资本准入制度积累了实践经验。

以上一系列的政策性文件充分表明，国家鼓励和支持社会资本进入铁路行业的态度，并且在以上这些文件中还明确提出，要放松铁路行业社会资本的市场准入条件，规范设置投资准入门槛，积极创造公平竞争、平等准入的市场环境。因此，从近年来国家颁布的关于鼓励社会资本进入铁路行业的一系列政策文件中可以看出，国家不仅鼓励社会资本进入铁路行

---

① 中华人民共和国交通运输部：《〈铁路运输企业准入许可办法〉规章修订解读》，2017 年 11 月 2 日，见 http://www.mot.gov.cn/zhengcejiedu/tieluysqyzr/。

业，而且还明确表态要规范设置铁路行业社会资本准入制度。这充分说明，设置铁路行业社会资本准入制度在政策上具有可行性。

四、体制上的可行性

体制性障碍是阻碍铁路行业社会资本准入的主要障碍，包括监督管理体制障碍和市场竞争体制障碍。在铁路政企分开改革之前，原铁道部既享有立法权，又享有出资权，既是规则的制定者，又是规则的执行者和受益者。它既是铁路行业的政府监管部门，负责全国铁路的安全监管和经济监管，又是全国十六家铁路局和两家国有铁路公司的老板，行使出资人的权利，负责铁路国有资产的经营管理。整个铁路行业形成一个超大型的国有企业，原铁道部既是政府又是企业，在这种政企合一的监督管理体制下，出于对自身利益的保护，原铁道部推行吸引社会资本进入铁路行业政策的动力不足，对投资主体利益的保护措施不到位，铁路行业社会资本准入的风险增加，严重阻碍了社会资本进入铁路行业。有学者甚至认为，这种政企合一的经营管理体制形成了巨大的垄断利益集团，导致任何非部有资本一旦进入铁路即被"锁闭"，从而成为一些拥有实力和投资欲望的非部有国有企业和非国有企业资本进入铁路行业的最大障碍。[①]

2013 年，十二届全国人大一次会议通过的《国务院机构改革和职能转变方案》撤销了铁道部，并将其职能一分为三，初步实现了铁路监督管理体制的政企分开。虽然这次改革仍有局限性，尤其是阻碍铁路运输市场公平竞争的体制性障碍并未消除，铁路运输定价体制、清算体制等还不合理，而且铁路运输市场仍然是一家独大，具有绝对的垄断地位。但是，这

---

① 林晓言：《铁路的民营化改革与市场融资》，经济科学出版社 2006 年版，第 8 页。

次改革将铁路政府主管部门和铁路运输企业彻底分开，铁路政府的独立性和中立性得到确立，为铁路政府监管部门创建公正的监督主体和培育公平的竞争市场提供了体制性基础。政企分开改革之后，国家铁路局作为全部铁路运输企业的监管部门，必将站在国家铁路行业健康发展的高度积极培育铁路运输竞争性市场。因此，规范设置准入制度，积极推行鼓励性政策吸引社会资本进入将是国家铁路局的政策指向。所以从体制上分析，虽然还存在着限制社会资本进入铁路行业的竞争性体制障碍，但政企分开改革已经在一定程度上为设置铁路行业社会资本准入制度创造了积极条件。

所以，从理论上、技术上、政策上和体制上分析，设置铁路行业社会资本准入皆具有可行性。

第四节　铁路行业社会资本准入的价值

法律不仅是一种规范事实，而且是一种价值体系。或者说，法律是熔铸了人类价值追求的规范事实（制度事实）。[①] 因此，在充分论证了铁路行业社会资本准入的必要性和可行性之后，需要论证铁路行业社会资本准入的价值。法的价值是社会价值的子系统，一方面它表征为作为主体的人与作为客体的法之间需求与满足的对应关系，另一方面它又体现为法所具有的对主体有意义的、可以满足主体需要的功能与属性，即法的有用性。[②] 研究铁路行业社会资本准入的价值就是要研究作为客体的制度与作为主体的人之间的需求和满足对应关系，以及该制度对铁路行业的健康

---

① 谢晖：《论法律价值与制度修辞》，《河南大学学报》（社会科学版）2017 年第 1 期。

② 张文显：《法哲学范畴研究》（修订版），中国政法大学出版社 2001 年版，第 192 页。

发展最终对改善人们福祉有何功能和意义。以下将从铁路行业社会资本准入的效率、公平、自由和秩序价值等方面进行逐一剖析。

一、效率价值

效率是法律追求的基本价值之一，它不仅将效益包含其中，而且超越了具体行为的收益，上升到了行为和制度等不同层面，可以作为行为和制度的一般性评价尺度[1]，它是制度的基本指向，在一个资源相对稀缺的社会，缺乏效率的制度至多只能是具有残缺的正义性。[2] 衡量效率的指标主要是投入和产出，当投入相等时，产出多的更具有效率；当产出相等时，投入少的更具有效率。有学者将其概括为，效率是指从一个给定的投入量中获得最大的产出，即以最少的资源消耗取得同样多的效果，或以同样多的资源消耗取得最大的效果。[3] 制度的效率价值主要体现为采用该制度后，投入的资源相等而产出增加，或者产出相等而投入的资源减少，最具效率的制度是采用该制度后投入的资源减少并且产出增加。

铁路行业社会资本准入的效率价值主要体现为：其一，通过规范设置铁路行业社会资本准入制度使投资者的准入成本降低。铁路行业社会资本准入制度通过明确规定准入领域、准入方式、准入条件以及准入程序等内容，并向社会公示。投资主体根据准入制度公示的内容，再结合自身的特点进行科学决策，既可以避免因信息不充分而导致的决策失误，还可以减少信息收集成本以及因准入程序规范而减少的其他成本。因此，通过铁路

---

[1]　贾长森：《刑罚效率价值的理论建构及执行优化》，《法律科学》（西北政法大学学报）2020 年第 2 期。

[2]　蔡立东：《公司自治论》，北京大学出版社 2006 年版，第 10 页。

[3]　张文显：《法哲学范畴研究》（修订版），中国政法大学出版社 2001 年版，第213 页。

行业社会资本准入的设置可以有效地降低投资者的准入成本，提高投资效率。其二，通过规范设置铁路行业社会资本准入制度使铁路主管部门的管理更加有效。通过明确规定准入领域、方式、条件以及程序等内容，这将使铁路主管部门关于铁路行业社会资本准入的管理工作有明确的法律依据，哪些项目可以批准投资，哪些项目不能批准投资完全需要依据制度规定的准入领域、条件和程序做出，据此准入管理工作变得更加规范和容易，既可以减少投入的人力物力，同时还会使准入管理工作更加规范有效。其三，通过规范设置铁路行业社会资本准入制度可以促进铁路行业更加健康快速发展。通过规范设置铁路行业社会资本准入制度明确了准入的领域、方式、条件以及程序等内容，降低了铁路行业社会资本准入的成本，减轻了铁路行业社会资本准入的难度，有利于吸引更多的社会投资铁路行业，弥补铁路建设资金，建构铁路多元化投资主体制度，促进铁路行业良性竞争秩序的形成，进而促进铁路行业更加健康快速的发展。

二、公平价值

　　不论一个社会共同体具有何种性质的特定文化和价值，有一种东西是每个社会成员都应该得到和给予的，这就是公平对待。[1] 公平是法律的永恒价值命题，是法律所追求的永恒目标，而法律则是实现公平的可靠保障。[2] 一切制度设计的初衷都会追求公平的价值，公平是商品社会经济生活的基本准则与出发点。[3] 铁路行业社会资本准入的公平价值主要体现

---

① 陈伟宏：《公平正义：国家治理现代化的价值基准》，《中州学刊》2019 年第 12 期。

② 齐延平：《法的公平与效率价值论》，《山东大学学报》（哲学社会科学版）1996 年第 1 期。

③ 单飞跃：《经济法的法价值范畴研究》，《现代法学》2000 年第 1 期。

在机会公平、权利公平和规则公平上。具体表现为：

其一，铁路行业社会资本准入体现机会公平。通过规范设置统一的准入条件，只要在法律禁止投资的领域之外，所有的投资主体享有平等的投资机会，对投资者的要求不再是身份而是统一的条件。因此，铁路行业社会资本准入从投资的源头上保证了投资者参与机会的平等性，实现了机会公平的价值。

其二，铁路行业社会资本准入体现权利公平。通过设置明确的准入领域、方式、条件以及程序等内容，保障投资者投资权利的公平，避免因信息不公开、条件不统一以及程序不规范等因素侵害投资者的公平权利。因此，通过规范的准入制度设置可以有效保证投资者的公平投资权利。

其三，铁路行业社会资本准入体现规则公平。近年来，国务院和铁道部、交通运输部等发布的一系列规范性文件几乎都涉及规范准入制度，保证准入规则公平等内容。2005 年，国务院发布的"非公 36 条"明确要求，在投资核准等方面，要对非公有制企业与其他所有制企业一视同仁，实行同等待遇。同年，铁道部发布的"铁道部 2005 年意见"提出，要按照平等准入、公平待遇原则，凡是允许外资进入的铁路建设、运输经营及运输装备制造领域，也允许国内非公有资本进入，并适当放宽限制条件。2010 年，国务院发布的"新非公 36 条"要求，要规范设置投资准入门槛，创造公平竞争、平等准入的市场环境，市场准入标准要公开透明，对各类投资主体同等对待，不得单独对民间资本设置附加条件。2012 年，铁道部发布的"铁道部 2012 年意见"进一步明确了铁路行业鼓励民间资本准入的制度规则要求，重申了国务院文件的精神。要求铁路行业要设置投资准入门槛，市场准入标准要公开透明，同等对待各类投资主体，不得单独设置附加条件。以上这些鼓励社会资本进入铁路行业的政策文件，充分阐明了要求设置铁路行业社会资本准入规则必须公平的精神。将国家的政策上升为法律是立法的重要方法，建构铁路行业社会资本准入制度本身就是立法的过程，其重要的途径就是将国家在铁路行业社会资本准入方面的相关政策经过完善后上升为法律。因此，目前国家在设置铁路行业社会资本准入政策方面的规则公平精神在立法时需要被采纳，规则公平的价值将会体现在铁路行业社会资本准入制度的建构中。

综上所述，铁路行业社会资本准入的公平价值主要包括投资机会公平、投资权利公平和准入规则公平。其中投资机会公平是基础，投资者投资权利公平是目的，而准入规则公平则是保障。三种公平价值相辅相成，互相依存，共同体现于铁路行业社会资本准入的公平价值之中。

三、自由价值

康德认为，自由乃是"生命的最高层级"，"是这个世界的内在价值"[1]。追求自由是人类固有的本性[2]，是人类奋斗的目标之一，是法治国家和理想社会的内在品质[3]，它不仅是法的基本价值，而且还是法的终极价值形态[4]。铁路行业社会资本准入的设置，从表面上看它是对铁路行业社会资本准入进行领域限制、方式限制、条件限制以及程序限制，直观上感觉不是赋予投资者自由而是限制其投资自由。但事实并非如此，自由在社会中的实现过程始终离不开规则，无规则则无自由，在法是社会的主要规则

---

①   Immanuel Kant, *Lectures on Ethics*, Cambridge: Cambridge University Press, 1997, p.125. 转引自卞绍斌：《法则与自由：康德定言命令公式的规范性阐释》，《学术月刊》2018 年第 3 期。

②   张文显：《法哲学范畴研究》（修订版），中国政法大学出版社 2001 年版，第209 页。

③   邱本：《经济法研究（上卷：经济法原理研究）》，中国人民大学出版社 2008年版，第 112 页。

④   贾长森：《刑罚效率价值的理论建构及执行优化》，《法律科学》（西北政法大学学报）2020 年第 2 期。

的时代，自由通过法律来表现，并通过法律来实现①，法律的目的不是废除或限制自由，而是保护和扩大自由。②

铁路行业社会资本准入通过规范设置铁路行业的准入领域和方式，为投资主体自由选择投资的具体领域和方式提供了可靠的依据，通过规范设置铁路行业的准入条件为投资主体达到规定条件提供了努力的方向和目标，通过规范设置铁路行业准入程序为社会资本顺利进入铁路行业提供了程序上的保证。这正如卢梭所言，人类由于社会契约而损失的是他们天然的自由和他们企图取得和能够取得的一切东西的无限权利；而他们得到的是社会的自由和他们对他们拥有的一切东西的所有权。③ 铁路行业社会资本准入的自由价值也如此，在没有此制度之前，投资者投资铁路的领域和方式不明确，条件不统一，程序不规范，投资主体能进入哪些领域，以何种方式投资以及需要达到什么条件，经过什么程序都由主管部门说了算，更直接的就是主管部门的领导说了算。投资者要想进入铁路行业必须经过层层公关，不仅需要花费大量的人力、物力、财力，而且最终能否成功进入铁路行业基本无法预测，因为只要有一个环节公关不到位，之前所有的努力都可能成为徒劳。而通过建立规范的铁路行业社会资本准入制度，投资主体可能失去了特殊领域特殊环节的投资自由，但在规范的准入程序保障之下，投资者可以根据自己的情况，结合法律规定的条件合理选择自己的投资领域。因此，通过铁路行业社会资本准入制度设置，投资者失去的是天然的投资自由，而得到的是相对合理的投资自由，是经营自由的具体体现。

---

① 张文显：《法哲学范畴研究》（修订版），中国政法大学出版社 2001 年版，第210 页。

② ［英］洛克：《政府论》（下篇），叶启芳、瞿菊农译，商务印书馆 1964 年版，第 35 页。

③ ［法］卢梭：《社会契约论》，李平沤译，商务印书馆 2011 年版，第 24 页。

四、秩序价值

秩序是一种环境状态，是一种有序而不混乱的状态[①]，它是法律追求的基本价值，各种制度都在建立和维护与其相关的各类秩序[②]。铁路行业社会资本准入也不例外，它在努力建立和维护两种秩序价值：

其一，良好的铁路行业投资准入法律秩序。通过明确、规范、公开的准入制度设计，将禁止社会资本投资的领域和方式，以及对投资者需求的准入条件和需要投资者遵守的投资准入程序等内容公之于众，使铁路行业的投资准入工作从不透明变成公开透明，从不规范变成规范。在这种情况下，预想投资铁路行业的投资主体完全可以依据规范的准入制度选择投资领域和投资方式，铁路行业监管部门也完全可以依据准入制度的要求核准投资申请，铁路行业社会资本准入工作制度从无序变成了有序，实现了其秩序价值。

其二，合理的铁路行业竞争秩序。垄断封闭、缺乏竞争一直是困扰铁路行业健康发展的主要难题，国家因此采取了铁路行业管理体制的政企分开改革和吸引铁路行业社会资本准入等多项政策措施，积极培育市场竞争主体，创造铁路行业公平竞争的市场环境。建立规范透明的铁路行业社会资本准入制度是国家培育铁路行业竞争秩序的重要政策之一。通过规范透明的准入制度设置，可以降低社会资本投资准入的成本和难度，有利于吸引更多的市场主体投资到铁路建设、运输等领域，对缓解铁路建设资金压力，建构铁路多元化投资主体，以及促进铁路行业的竞争秩序形成都有重要意义。但是，市场竞争是把双刃剑，合理的竞争有利于行业的健康发

---

① 贾海燕：《经济法的价值分析》，《政法论坛》2002 年第 6 期。

② 邱本：《经济法研究（上卷：经济法原理研究）》，中国人民大学出版社 2008年版，第 126 页。

展，而过度竞争则会损害行业的健康发展。在采取鼓励措施大力引进铁路行业竞争的同时，必须考虑到可能会导致铁路行业未来的过度竞争。过度的竞争会造成铁路行业内部损耗大幅增加，如果不对铁路市场实施一定程度的准入监管，铁路行业市场中参与主体的数量和竞争程度可能远远超过其所能承受的理性范围，这样铁路市场的竞争机制将会被扭曲，市场秩序将会受到严重冲击，效率也将会大打折扣。①

因此，规范设置铁路行业社会资本准入制度，合理控制市场主体进入的数量与质量，既保证合格主体能够顺畅进入铁路市场，又防止铁路行业内部过度竞争导致的恶性竞争出现，这对建构铁路行业良好的竞争秩序乃至铁路行业的健康发展秩序皆有非常重要的意义。

第五节　铁路行业社会资本准入的原则

法律原则是整个制度的基础、本源与核心，尽管其在法律文本中的具体条文绝对数量较少，但它在逻辑上是其他法律要素尤其是法律规则的灵魂与统帅。② 因此，在进行具体制度设计之前，需要对铁路行业社会资本准入的原则进行系统研究，确立科学的准入原则，作为具体准入制度设计的基础，从总体上指导具体准入制度设计，并要求具体准入制度的规则不能与确立的原则相悖，应该在原则的指导下进行科学合理的制度设计。

---

① 吴弘：《市场准入法律制度的理论基础》，载张守文主编：《经济法研究》第 7 卷，北京大学出版社 2010 年版，第 361 页。

② 姚建宗编著：《法理学——一般法律科学》，中国政法大学出版社 2006 年版，第 88 页。

一、公开原则

公开既是现代政府的一项基本义务，也是公民拥有的一项基本权利[①]，是铁路行业社会资本准入的本质要求，是确保制度科学设计和有效运行的主要手段，它贯穿于铁路行业社会资本准入的始终，在铁路行业社会资本准入的各个环节都有具体体现。因此，公开原则是铁路行业社会资本准入的基本原则，是确保其他准入原则有效实施的基础。

公开原则在铁路行业社会资本准入中主要体现在三个方面：

其一，铁路行业社会资本准入的设计过程公开。铁路行业社会资本准入的设计过程公开主要是指制度设计的立法过程公开。它要求在具体制度设计的立法讨论过程中，应该向社会公众公布铁路行业社会资本准入的立法草案，让社会公众积极参与铁路行业社会资本准入的立法设计，充分吸取社会公众的聪明智慧，接纳合理建议，从而使通过立法设计的铁路行业社会资本准入制度更具有可行性，更容易被投资主体接受。

其二，铁路行业社会资本准入的信息公开。铁路行业社会资本准入的信息公开主要是指铁路行业社会资本准入的领域、方式、条件、程序以及违反准入规则的责任等信息公开，要求以法律、行政法规或部门规章等形式向社会公众公开。这样有利于投资主体根据自己的情况选择投资铁路的具体业务领域，从而通过准入制度的设计为铁路行业社会资本准入创造良好的法治环境，充分保证社会资本投资主体的自主投资选择权。

其三，铁路行业社会资本准入的运行过程公开，即执法公开。要求铁路行业社会资本准入机关的审核过程公开，及时公布具体审核环节的信息，尤其是对不予批准的准入申请，应该公开不予准入的具体理由，并告知当事人申请行政复议和到法院起诉的权利，充分保障社会资本投资主体

---

① 姚坚：《政府信息公开原则与公开限制》，《广东社会科学》2017 年第 6 期。

的权利。

二、自愿原则

　　投资主体是否投资铁路行业，投资铁路行业的什么领域，这是市场主体自主经营的范畴。社会资本投资主体作为独立的市场主体，具备理性和自利的本质特征，享有完整的自主经营权。因此，铁路行业社会资本准入制度的设计应该确立自愿准入原则，充分尊重投资主体的自主经营权，除涉及安全因素和公益性因素外，不应该任意干涉市场主体的投资自由。

　　铁路行业社会资本准入自愿原则主要体现在三个方面：

　　其一，在铁路行业社会资本准入的总则性规则中建立自愿原则。自愿原则的内容应该包括两方面：一是从正面充分阐明尊重投资主体享有投资自由权的立场；二是从反面阐明除非法律另有规定，否则任何国家机关、事业单位、社会组织及个人都不得干涉投资主体的投资自由。

　　其二，在铁路行业社会资本准入的具体制度设计中应该严格限制干涉投资主体投资自由的规定。自愿是原则，但原则并不代表没有例外，从理论上分析，原则主要针对一般情况，而在特殊情况下需要例外的规则解决。铁路作为特殊的行业，相对于其他行业情况较为复杂，尤其是涉及安全因素和公益性因素时，可以禁止社会资本进入并由国有资本单独经营，以确保铁路运输安全、国民经济安全、国家安全以及铁路运输公益性实现。但必须充分认识到，这种情况只适用于例外，只适用于可能会危及安全和降低公益性的特殊业务领域，而在铁路行业的一般业务领域则需要遵循自愿原则，不应该对社会资本进入进行禁止性限制。

　　其三，在铁路行业社会资本准入的责任规则中规定违法干预投资主体投资自由的法律责任。自愿原则的落实既需要规则的明确规定，同时更需要相关法律责任的刚性约束。如果只在总则性规定中确立自愿原则，自愿原则往往只能停留于纸面，无法付诸实施。因此，应该在铁路行业社会资本准入的责任规则中明确规定，任何主体在没有法律授权的情况下，不得干涉投资者投资铁路行业的自由，如果违法干涉投资者投资铁路行业的自由就需要承担相应的法律责任。只有法律责任的刚性约束，才能保证自愿原则的有效实施。

三、平等原则

平等准入是市场主体的基本要求，是实现市场经济公平价值的主要措施。在铁路行业社会资本准入的过程中，平等准入是投资主体最基本的要求。只有通过准入制度的设计充分保证投资主体的平等准入权利，才能从投资起点上消除对投资主体的歧视，从而打消铁路行业社会资本投资主体的顾虑，实现吸引铁路行业社会资本准入的目的。因此，确立平等原则是铁路行业社会资本准入的基本要求，是顺利吸引铁路行业社会资本准入的重要保障，这一要求贯穿于铁路行业社会资本准入的始终。

铁路行业社会资本准入平等原则主要体现在两个方面：

其一，铁路行业社会资本准入条件设置要平等，即要求在具体准入条件的设置上要平等对待投资主体，不能对国有资本投资主体实行特殊优待政策，而对外资和民间资本投资主体则设置歧视性条件，或设置"隐性玻璃门""弹簧门"，变相阻止铁路行业社会资本准入。目前，已经出台的相关政策均要求贯彻平等原则。①

---

① 2005 年国务院发布的"非公 36 条"中提出，要贯彻对非公有资本平等准入的原则；2005 年铁道部发布的"铁道部 2005 年意见"中专门针对铁路行业吸引非公有资本投资提出要贯彻平等准入原则，允许外资进入的行业和领域，也允许国内非公有资本进入，并放宽股权比例限制等方面的条件；2010 年国务院发布的"新非公 36 条"中提出，规范设置投资准入门槛，创造公平竞争、平等准入的市场环境，对市场准入

　　其二，铁路行业社会资本准入制度在执行上要求平等对待投资主体。即要求铁路行业社会资本准入核准机关平等地对待投资主体，既不能因体制渊源关系而优待国有资本投资主体，也不能因招商引资政策而优待外资投资主体，更不能对民间资本投资主体进行其他限制，而应该一视同仁地对待各类投资主体。这既需要进一步深化铁路行业改革，逐步建立健全铁路行业政府监管部门的机构设置和职权配置，也需要铁路行业社会资本准入核准机关切实转变观念，认清自己独立自主的核准地位及职责，敢于独立平等地对待各类投资主体。

　　另外，需要指出的是，平等是基础性原则但不是绝对原则，在原则之外还会有例外。如在铁路行业社会资本准入领域的设置上，出于安全性因素和公益性因素考虑，在一些具体领域会禁止社会资本进入，从表面上看不符合平等原则的要求，但这是基于铁路行业健康发展的通盘考虑，属于原则的例外，需要按例外规则处理。

四、适度原则

　　铁路行业的健康发展离不开社会资本，铁路行业社会资本准入对改善铁路行业的投资结构、缓解铁路建设资金以及打破铁路行业封闭垄断、引入行业内部竞争等都有积极作用。但是，铁路行业社会资本准入是把"双刃剑"，它在发挥积极作用的同时，又对铁路运输安全、国民经济安全、国家安全以及铁路竞争秩序提出了新的挑战。因此，铁路行业社会资本准入需要有"度"的把握，而把握"度"的有效措施就是贯彻适度原则。适

标准和优惠扶持政策要公开透明，对各类投资主体同等对待，不得单对民间资本设置附加条件；2012年发布的"铁道部2012年意见"中专门针对民间资本投资铁路提出，要规范设置投资准入门槛，创造平等准入的市场环境，并要求市场准入标准和优惠扶持政策要公开透明，对各类投资主体同等对待，对民间资本不单独设置附加条件。

度原则要求铁路行业社会资本准入制度的设计要尊重铁路行业发展的规律，要符合铁路行业健康发展的现实需求，既要达到吸引社会资本进入铁路行业的目的，又要合理把控社会资本对铁路行业发展带来的冲击。

铁路行业社会资本准入适度原则主要体现在三个方面：

其一，准入领域的开放适度。即要求铁路行业社会资本准入领域制度的设计要科学把控开放的程度，既要充分开放铁路行业的竞争业务环节，达到吸引社会资本的目的；又必须考虑安全因素和公益性因素，合理限制可能危及国家安全、国民经济安全以及铁路运输安全的业务领域，确保社会资本不对铁路行业的健康发展造成过大冲击。

其二，准入条件的设置适度。如果准入条件设置过高，则会将大量有意投资铁路行业的投资主体拒之门外，达不到吸引社会资本的政策目的；而如果准入条件设置过低，则无法确保投资主体的质量，达不到从制度源头上保证市场主体质量的政策目的。因此，需要合理把控铁路行业社会资本准入条件的"度"，这不仅需要实践经验的总结，也需要理论上的深入研究。

其三，准入数量的规模适度。准入数量过少则无法达到打破垄断，引入竞争的政策效果；相反，如果准入数量过多，则会导致竞争过度从而损害铁路行业的健康发展。因此，鉴于铁路行业健康发展的需要，应该合理把控市场主体准入数量的"度"，将准入数量控制在合理的范围。

五、高效原则

高效原则主要是进行得失计算，其中"得"是收益、"失"是成本。[①]降低准入成本、提高准入效率是设置铁路行业社会资本准入的主要动因，

[①]　成凡：《法律认知和法律原则：情感、效率与公平》，《交大法学》2020 年第 1 期。

追求高效准入是铁路行业社会资本准入的内在需求，在铁路行业社会资本准入的设计和执行过程中需要始终遵循高效原则。凡是不符合高效原则的制度设计应该尽量修改和放弃；凡是不符合高效原则的制度执行措施应该及时予以修正。除非基于特殊考虑，才能允许不符合高效原则的例外存在。市场准入制度上的效率原则不仅体现为市场主体的经济效率，同时也包括管理机构的效率。[①] 在铁路行业，高效原则主要体现在两个方面：

其一，投资主体的高效。铁路行业社会资本准入制度的重要功能之一就是降低投资主体的准入成本。它通过铁路行业社会资本准入制度的科学设计，公开透明地向投资主体提供明确的准入领域、准入方式、准入条件以及准入程序等内容，使投资主体充分掌握准入信息，并依据自身实际情况选择投资领域和方式，在具体的准入工作中降低投资主体的准入难度，从而提高其准入效率，实现吸引铁路行业社会资本准入的政策目的。因此，铁路行业社会资本准入制度的设计应该最大可能地明确准入领域、准入方式、准入条件以及准入程序等内容，为投资主体实现高效准入提供制度上的便利。

其二，准入机关的高效。铁路行业社会资本准入制度的另一个重要功能就是规范准入机关的工作，最大限度地避免铁路行业社会资本准入过程中的权力寻租行为，从而降低准入机关的管理成本，提高准入机关的工作效率。因此，在铁路行业社会资本准入设计中需要充分运用高效原则，明确配置准入机关的职权、严格规范执行职权的程序以及明确规定违反准入规则需要承担的法律责任，为准入机关实施高效准入原则提供制度上的支持。

综上所述，公开原则、自愿原则、平等原则、适度原则以及高效原则

---

① 封延会、贾晓燕：《论我国市场准入制度的构建》，《山东社会科学》2006 年第 12 期。

的确立，对于科学设计和严格执行铁路行业社会资本准入制度皆有重要意义。它们既具有指导制度设计和执行的作用，又具有弥补制度设计缺陷的作用。在具体制度设计的过程中，应该充分考虑确立的准入原则，规则的制定不能与确立的原则相违背，只有存在特殊情况需要处理时才能制定违背原则的具体规定。而且在具体准入制度的执行过程中，在具体规则没有规定的情况下，可以援引确立的准入原则，用原则指导具体制度的执行。

第二章
铁路行业社会资本准入的领域[*]

在社会资本投资铁路的准入法律制度中，最为关键的是没有明确社会资本可以进入铁路行业的具体业务领域，即社会资本进入铁路行业的准入领域不清晰，这是阻碍社会资本进入铁路行业的首要原因。因此，铁路行业要向社会资本开放，首先要解决多大程度上向社会资本开放，即开放的程度问题，这是准入的逻辑起点，是准入制度中其他后续制度环节设计的基础。要合理确定铁路行业向社会资本开放的程度，需要建构科学合理的准入领域制度。所以，在深化铁路改革的同时，应该以立法先行的思维，借助《铁路法》修改契机，从立法层面上建立科学规范的社会资本铁路准入领域的法律制度，确立铁路行业向社会资本开放的合理界限，清晰地告知社会资本投资者铁路行业开放的具体业务领域，在铁路改革领域实现《中共中央关于全面推进依法治国若干重大问题的决定》所指出的立法和改革决策相衔接，做到重大改革于法有据、立法主动适应改革和经济社会发展需要的要求。

---

    * 本章主要内容已发表，参见亓道远：《铁路行业社会资本准入领域制度》，《经济法学评论》2015 年第 2 期。

第一节　铁路行业社会资本准入领域的宗旨

一、阐明铁路行业向社会资本开放的态度

如果铁路行业完全由国家出资经营，不允许任何社会资本进入，则不需要设置铁路行业社会资本准入领域制度；相反，如果铁路行业完全向社会资本开放，在任何领域都允许社会资本进入，则同样不需要设置铁路行业社会资本准入领域制度。然而，中国目前的现实是：一方面，铁路行业的健康快速发展需要吸引大量的社会资本，来弥补铁路建设的资金缺口，打破"中国铁路"一家独大的垄断格局，进而促进铁路运输市场内部竞争格局的形成；另一方面，国家允许铁路行业社会资本准入又担心社会资本的引入会危及安全和侵蚀铁路运输的公益性。因此，在铁路行业社会资本准入存在现实的矛盾冲突。铁路行业向社会资本开放的态度既非完全否定，亦非完全开放，而是有限度的开放。这种特殊的开放态度需要设置铁路行业社会资本准入领域制度来权衡各方利益，既要表明鼓励社会资本投资铁路行业的政策立场，同时又要为社会资本进入铁路行业划清界限，确保社会资本进入铁路行业后不会危及铁路运输安全、国民经济安全和国家安全，也不会侵蚀铁路运输的公益性。

二、确立铁路行业向社会资本开放的界限

铁路行业向社会资本开放的态度是有限开放，表明这种态度的难点是如何确立铁路行业向社会资本开放的程度，即如何确立铁路行业向社会资本开放的界限，明确铁路行业哪些业务领域向社会资本开放，哪些业务领域不向社会资本开放。铁路行业社会资本准入领域制度，是在充分考虑铁

路行业安全性因素和公益性因素的前提下，细分铁路行业的具体领域，然后依据确立的安全性标准和公益性标准判断哪些领域可以向社会资本开放，哪些领域不能向社会资本开放，从而建立起铁路行业向社会资本开放的界限。

三、厘清铁路行业政府与市场的关系

在政府和市场的关系方面，首先要依法"定分"，即分清两者的边界，明晰各自的职能和作用，以及相关主体的权利与权力。[①] 在铁路行业，2013 年实行了政企分开改革，撤销了铁道部，重新组建了国家铁路局和中国铁路总公司（目前改为中国国家铁路集团有限公司），将拟订铁路发展规划和政策的行政职责分配给了交通运输部，将其他行政职责分配给了新组建的国家铁路局，而经营铁路国有企业的职责则由中国铁路总公司负责。这次改革初步厘清了铁路行业政府与企业的关系，初步解决了铁路行业政企不分的问题，并在一定程度上明确了铁路行业的政府职责。但是，这次改革并未完全解决铁路行业政府与市场的关系界定问题，在铁路行业的资源配置中政府仍然起决定性作用。铁路行业如何向市场开放，开放到什么程度，这些关键问题并没有清晰的答案。而铁路行业社会资本准入领域制度明确界定了铁路行业哪些领域向社会资本开放，哪些不向社会资本开放，可以明确铁路行业政府与市场的界限。在禁止社会资本投资的领域，其资源配置由政府主导，而在允许社会资本进入的领域，其资源配置由市场主导。因此，铁路行业社会资本准入领域制度可以厘清铁路行业政府与市场的关系，合理界定铁路行业政府与市场的界限。

---

① 张守文：《政府与市场关系的法律调整》，《中国法学》2014 年第 5 期。

四、满足投资主体的信息需求

从投资主体的视角分析，了解和掌握国家允许铁路行业社会资本准入的领域或不允许准入的领域，是投资主体进行投资决策的第一信息需求。只有充分掌握国家对社会资本开放的具体领域后，投资主体才能根据自己的资金实力、技术潜能以及资质程度等实际情况，选择进入铁路行业的具体领域，从而进行合理的投资决策。如果没有准入领域制度的明确指示，投资主体将无法直接获得可以投资哪些具体领域。投资主体要想进入铁路行业需要花费大量的精力收集相关信息，甚至还需要对主管部门的意图进行揣测，既需要花费资金成本和时间成本，同时还需要承担得不到准确信息的风险。因此，设置铁路行业社会资本准入领域制度，可以清晰地告知投资主体国家开放的领域或者不开放的领域，满足投资主体的第一信息需求，为投资主体进行正确的投资决策提供必要信息。同时，铁路行业社会资本准入领域制度的设置，还可以降低投资主体决策的信息收集成本，进而降低铁路行业社会资本准入的成本，激发投资主体投资铁路的动力，为社会资本能够顺利进入铁路行业提供第一层面的制度保障。

第二节　铁路行业社会资本准入领域设计的模式选择

一、准入领域与准入方式相结合的模式

准入领域和准入方式是铁路行业社会资本准入的两个重要环节，准入领域主要解决国家允许社会资本进入铁路行业哪些领域的问题，而准入方

式则主要解决可以用什么投资方式进入铁路行业的问题。虽然二者的功能和性质不同，分别是准入制度的两个独立部分。但是，准入领域的合理确定需要借助准入方式才能完成，尤其是准入领域中准入程度的把握需要依赖准入方式来确定。因此，准入领域和准入方式既相互独立又相互融合，在制度设计上也就有两条路径可供选择：一条路径是准入领域和准入方式分开使用进行准入制度设计，另一条路径是准入领域和准入方式相结合进行准入制度设计。

分开设计的路径要求对准入领域和准入方式进行单独处理，其优点是简单明了，投资主体可以投资铁路行业的哪些领域或者不能投资哪些领域，以及投资主体可以采用的投资准入方式有哪些，都是通过分别列举的方式实现。这种路径的缺点是准入领域和准入方式脱节，具体准入领域的划定无法借助准入方式实现。

准入领域和准入方式相结合进行制度设计的路径，要求对准入领域和准入方式进行联合处理。这种路径的优点是准入领域的划定可以借助准入方式实现，尤其是一些铁路行业具体业务领域允许社会资本投资，可能会危及国民经济安全和国家安全，借助投资准入方式的设计可以实现允许社会资本投资而又不会对国民经济和国家安全造成威胁，可以扩充社会资本投资准入的领域范围。此路径的缺点主要是制度设计相对复杂，需要投入更多的精力进行制度设计。

综合以上两种路径的优缺点进行比较分析，准入领域和准入方式相结合的路径更符合制度设计的科学性，也更能发挥铁路行业社会资本准入的整体优势。因此，选择准入领域与准入方式相结合的路径进行准入领域制度设计，以准入领域制度设计吸纳准入方式，借助准入方式的联合运用实现最大限度的社会资本准入领域范围划定，这是铁路行业社会资本准入领域制度设计的最佳路径。目前已经颁布的相关规范性文件，几乎都采用了这种制度设计的路径选择。①

二、负面清单模式

选择以准入领域与准入方式相结合的制度设计路径之后，需要考虑的是如何通过铁路行业社会资本准入领域制度的建构确立铁路行业向社会资本开放的界限。解决此问题有两条路径可供选择：一条路径是以列举式的方式从正面规定国家允许社会资本进入铁路行业的具体领域，除法律规定允许准入的领域之外，不允许社会资本投资，即所谓的"正面清单"模式路径；另一条路径是以列举式的方式从负面规定国家禁止社会资本进入铁路行业的具体领域，除了法律明文规定禁止准入领域之外，投资主体可以自主选择进入铁路行业的具体领域，即所谓的"负面清单"模式路径。

在铁路行业向社会资本开放界限的制度设计中，正面清单模式路径和负面清单模式路径的选择直接决定着铁路行业政府和市场的资源配置边界。有学者指出，任何社会都存在法律的"空白地带"，即便是在一些西方发达国家，法网细密，法律条款多如牛毛，法律的"空白地带"也随处可见。② 在铁路行业向社会资本开放界限的制度设计中，正面清单模式路径从政府管制的角度出发设计准入领域制度，将铁路行业的"空白地带"留给政府，以此路设计准入领域制度，政府的资源配置权限占有绝对优势；而负面清单模式路径则是从市场的自由竞争视角出发，将铁路行业的"空白地带"划分给市场，以此路径设计准入领域制度，市场的资源配置权限占有绝对优势。

---

① 国务院 2010 年发布的"新非公 36 条"，铁道部 2005 年发布的"铁道部 2005 年意见"，以及铁道部 2012 年发布的"铁道部 2012 年意见"均采用了准入领域与准入方式相结合的立法技术。

② 王利明：《负面清单管理模式与私法自治》，《中国法学》2014 年第 5 期。

设置准入制度的目的是引导和鼓励市场主体进入市场,同时又对市场主体进入市场进行规范和约束。[①] 基于效率的考虑,凡是市场配置资源更有效的,就应该实行市场化,但基于安全等因素的考虑,又不能把一切都交给市场。[②] 在铁路行业中,增强铁路运输企业的经营能力,积极培育公平自由的铁路运输市场竞争秩序是进一步深化改革的主要方向,但是基于安全性和公益性的考虑,又需要对具体开放的业务领域做出必要限制。因此,设置铁路行业社会资本准入领域制度的根本目的就是要充分保障投资主体的自主投资权,进而保障投资主体的自主经营权,尽量使市场在铁路运输行业的资源配置中起决定性作用。但是,基于安全性和公益性的考虑,又必须在一定程度上限制投资主体的投资自由,但需要将这种限制的程度降到最低,尽量使这种限制对铁路运输行业的影响最小化。在具体建构铁路行业社会资本准入领域制度的路径选择上,负面清单模式路径将铁路行业的"空白地带"划分给市场,更能给予市场主体广泛的行为自由[③],更能保障投资主体的自主投资权。同时通过禁止准入领域的限制性规定又可以兼顾铁路行业的安全性和公益性。所以,选择以负面清单模式路径建构铁路行业社会资本准入领域制度更具有合理性和可行性。目前,这种路径选择的认识逐渐深入,并在政策实践中逐渐被接纳。[④]

[①]　章志远、黄娟:《公用事业特许经营市场准入制度研究》,《法治研究》2011年第3期。

[②]　张守文:《政府与市场关系的法律调整》,《中国法学》2014年第5期。

[③]　王利明:《负面清单:一种新的治国理政模式》,《新华文摘》2014年第22期。

[④]　李克强总理提出,政府要以负面清单方式明确列出禁止和限制的范围,清单之外,"法无禁止即可为",企业只要按法定程序登记,即可开展投资和经营活动。参见李克强:《关于深化经济体制改革的若干问题》,《新华文摘》2014年第13期,第3页。2018年国务院发布的《国务院办公厅关于聚焦企业关切进一步推动优化营商环境政策落实的通知》(国办发〔2018〕104号),要求国家发展改革委、商务部要牵头负责在2018年底修订并全面实施新版市场准入负面清单,推动"非禁即入"普遍落实。党的

第三节　铁路行业社会资本禁入的判断标准

以负面清单模式路径确立铁路行业向社会资本开放的界限，需要确立禁止社会资本进入铁路行业的具体业务领域，其难点是如何确立禁止社会资本进入铁路行业的具体业务领域。因为确立了禁止社会资本投资铁路行业的具体业务领域也就等于赋予了国有资本垄断该业务领域的经营特权，同时也是对社会资本投资者在铁路行业自主投资权的限制。所以，这种法律制度设计保护的不是市场主体的平等自由，而是通过法律制度设计保护特殊领域的垄断专营，是制造市场主体的不平等以及限制经营自由，是违背市场经济基本原则的特殊处理，属于例外情形。按照法学的基本原理，例外情形的适用必须有充足的理由，而这种理由就是判断铁路行业具体业务领域是否应该禁止社会资本进入的标准。

一、安全性标准

安全的基本价值是市场准入价值体系的基础，市场安全更是市场准入各项制度的出发点和落脚点。[①] 如前所述，铁路行业向社会资本开放涉及国家安全、国民经济安全以及铁路运输安全，将安全性确立为禁止社会资本进入铁路行业具体领域的判断标准，其理由可以从中国早期外资投资铁

十九届四中全会通过的《中共中央关于坚持和完善中国特色社会主义制度　推进国家治理体系和治理能力现代化若干重大问题的决定》提出，要完善政府经济调节、市场监管、社会管理、公共服务、生态环境保护等职能，实行政府权责清单制度，厘清政府和市场、政府和社会的关系。

① 吴弘：《市场准入法律制度的理论基础》，载张守文主编：《经济法研究》第 7 卷，北京大学出版社 2010 年版，第 362 页。

路的历史经验和目前外资深度介入行业的实践经验中得到验证。

（一）中国早期外资投资铁路行业的历史证明，允许社会资本准入存在安全风险

中国早期的铁路主要依靠外资修建，铁路的出现和不断发展，为中国社会发展带来了新的活力，为社会进步做出了毋庸置疑的贡献。但是，我们又不得不承认，中国早期的铁路发展历史基本是帝国主义对中国的侵略历史。如名为中俄联办、实为沙俄政府直接经营的东省铁路和南满支线；德国强占胶州湾并强夺胶济铁路直接经营权乃至山东全省铁路经营权；法国强行承办龙州铁路和抢夺滇越铁路的经营权；比利时强夺芦汉铁路、汴洛铁路的货款控制权；英国掠夺沪宁铁路的货款控制权以及强索津镇、泽襄、浦信、苏杭甬和广九五条铁路的贷款权；美国华美合兴公司强夺粤汉铁路贷款权，等等，这些都是帝国主义利用修建铁路对中国进行侵略的历史罪证。[1]

考察中国早期利用外资修建铁路的历史发现，西方列强在中国修筑铁路，其目的不是让中国富强和繁荣，而是攫取更多的利益。铁路修建后，铁路沿线地区损失很大，森林遭采伐、内河受侵犯、土地被霸占，铁路所到之处，民众利益受到威胁和损害。[2] 其对安全造成的威胁主要表现在：其一，丧失铁路控制权，中国铁路的经营管理权被帝国主义列强所控制。帝国主义列强获取中国铁路控制权的手段主要有两种：一种是直接在华投资修建铁路并直接经营，如名义上为中俄联办实为沙俄控制的东省铁路、德国直接经营的胶济铁路和法国直接经营的滇越铁路等，这种手段直接表

---

① 金士宣、徐文述：《中国铁路发展史（1876—1949）》，中国铁道出版社 1986 年版，第 3—225 页。

② 葛玉红：《清末民初铁路引发的社会矛盾及原因分析》，《南京社会科学》2013 年第 8 期。

现为铁路控制权的丧失；还有一种比较隐蔽的手段是通过铁路贷款来控制
中国铁路。他们利用甲午战争后清政府的外交和财政困境，胁迫清政府接
受财政贷款，并从中索取铁路权，然后通过他们设在中国的银行进行直接
投资或提供贷款来获得铁路权，如芦汉铁路、正太铁路、汴洛铁路和道清
铁路等，各帝国主义公司或银行以债权人的身份负责建造这些铁路，然后
又以受托人的身份负责经营这些铁路，这些铁路名义上为中国所有，实则
被帝国主义列强控制；再如沪宁、粤汉两条铁路，表面上设有一个中外合
组的管理造路、行车机构，但通过管理机构的人员选派，实际上铁路经营
管理的大权都操纵在代表银行或公司人员之手，实际的经营管理权被帝国
主义列强控制。①

其二，帝国主义列强利用已经取得的铁路权来建立自己的"势力范围"
并实现资源掠夺。帝国主义列强通过上述方式获取铁路控制权后，并利用
自己控制的铁路不断扩展自己的势力范围，进而对铁路周边的土地、矿产
和森林等资源进行疯狂掠夺。俄国在 1896 年与中国签订《御敌互助援助
条约》（即《中俄密约》）后，随后又签订了《合办东省铁路公司合同》《合
办东省铁路公司章程》和《东省铁路公司续订合同》，凭借合同条款②，沙
俄以"铁路附属地"的名义大肆侵占铁路两侧土地③，并设地亩处专门出

① 金士宣、徐文述：《中国铁路发展史（1876—1949）》，中国铁道出版社 1986
年版，第18—27页。
② 《合同》第六款规定：凡该公司建造、经理、防护铁路所必需之地，又于铁
路附近开采沙土、石块、石灰等项所必需之地，若系官地，由中国政府给予，不纳地
价；若系民地，按照时价，或一次缴清，或按年向地主纳租，由该公司自行筹款付给。
凡该公司之地段，一概不纳地税。参见滕仁：《中东铁路"地亩处事件"述略》，《俄罗
斯东欧中亚研究》2014 年第 1 期。
③ 1906 年黑龙江将军程德全在报告中称："铁路历年展占吉、江两省地亩，每
一火车站，多者数万亩，少亦数千亩，皆非公司势所必需，不过以铁路为名，设肆招
商，坐收地租之利。"程德全：《程将军守江奏稿》卷 7，第 21 页，转引自滕仁：《中东

租经营铁路附近土地，赚取巨额利润①。此外，沙俄还以《合办东省铁路公司章程》和《东省铁路公司续订合同》为依据，积极调查并开采扎赉诺尔、瓦房店、烟台三煤矿；1901 年又强索铁路沿线两侧 15 俄里② 以内的煤矿开采权，次年又挟制盛京（奉天）将军签订协议强夺 15 俄里以外的抚顺路天大煤矿。并且，在东省铁路开工之初，沙俄还在我国东北林区滥伐森林，据不完全统计，在 20 世纪头 10 年内，沙俄每年掠夺黑龙江、吉林两省的木材价值在一亿银圆以上③；日本控制的吉会铁路开通后，沿线矿产也遭到掠夺性开采，森林遭到破坏性砍伐，东北大部分的森林、矿产、农产品资源通过吉会铁路运送到了朝鲜及日本④。除沙俄和日本外，其他帝国主义列强也无不在自己控制的铁路沿线进行大量的资源掠夺。由此可见，借助自己控制的铁路线路扩大自己的势力范围，并对铁路周边的资源进行疯狂掠夺是中国铁路早期利用外资建设铁路的基本特征，几乎无一例外。

其三，帝国主义列强利用铁路侵略中国的罪行激起民愤，造成社会不稳定。如前所述，帝国主义列强通过各种手段控制其出资修建的铁路后，

铁路"地亩处事件"述略》，《俄罗斯东欧中亚研究》2014 年第 1 期；东省特别区行政长官公署秘书石福镘提交的《地亩调查报告书》中所列数据显示："统计全线长三千华里，共占地十六万二千四百四十三华垧，平均路线一里占地五十四垧有奇，易词言之，即平均路线两旁各占地九十丈"，"查敷设铁道占用地亩世有定律，上开数目时所创闻。"薛衔天等编：《中苏国家关系史资料汇编（1917—1924 年）》，中国社会科学出版社 1993 年版，第 365 页，转引自滕仁：《中东铁路"地亩处事件"述略》，《俄罗斯东欧中亚研究》2014 年第 1 期。

①　滕仁：《中东铁路"地亩处事件"述略》，《俄罗斯东欧中亚研究》2014 年第 1 期。
②　一俄里大约等于 1．0668 公里。
③　金士宣、徐文述：《中国铁路发展史（1876—1949）》，中国铁道出版社 1986 年版，第 18—27 页。
④　曲朝霞、林榕：《简析吉会铁路的建设及其沿线的殖民经营》，《社会科学战线》2012 年第 8 期。

疯狂掠夺铁路周边的土地、矿产、森林以及农产品等资源。除此之外，铁路雇佣的外国雇员骄横跋扈，随处欺压百姓，无视并任意践踏中国法律。而且，铁路犯罪不断增多，铁路交通事故频发，而在铁路事故导致人们财产损失或对生命健康造成伤害后往往得不到应有的赔偿，相关部门不但不赔偿和安抚，还要严惩聚众诉求者。① 各帝国主义列强利用铁路侵略中国的罪行，以及他们在经营铁路中的种种暴行，不断激起民众的强烈反抗。历史资料显示，从外资在中国土地上修建的第一条铁路即吴淞铁路②起，当地群众的反抗运动就从未停止，而且经历了赎回路权、筹资自办铁路，到由湖南、湖北、广东和四川的绅商组织发起，并由工人、学生、农民、军人等参加的保路运动，其中以四川的保路运动声势最大，斗争最为激烈，最后引发了革命。③

　　从中国早期外资投资铁路的历史经验中可以看出，帝国主义列强都是以商业经营的名义获得筑路权，采取逐步渗透的方式，开始先获得小范围的筑路权，然后通过各种手段逐步扩大辐射与铁路相关的收益权，实现侵略之目的。当遇到群众反抗，政府要求收回路权时，又以商业经营自由为名，千方百计反对。虽然当今的国力与清末时期的国力完全不同，帝国主义的侵略已经成为历史，但是社会资本的逐利本性并没有改变，如果外资或民间资本过度渗透到关系国计民生的铁路运输领域，仍然会导致铁路控制权的丧失，会对国家安全、国民经济安全和铁路运输安全造成威胁。因

---

①　葛玉红:《清末民初铁路引发的社会矛盾及原因分析》,《南京社会科学》2013 年第 8 期。

②　1876 年建成，由英商使用欺骗、蒙蔽等手段假借修建寻常马路的名义骗取上海当局同意后，又以筑路器材的名义偷运来钢轨和车辆，并将其在已经修成的路面上铺设而成。在铁路运营过程中火车轧死一行人后，遭到当地群众的强烈反抗，迫使清政府以 28.5 万两白银收回并拆除。

③　保路运动的详细史情可参见金士宣、徐文述:《中国铁路发展史（1876—1949）》,中国铁道出版社 1986 年版，第 221—223 页。

此，中国早期外资投资铁路的历史经验证明，允许社会资本进入铁路行业存在安全风险，确立社会资本禁入的领域需要以安全性为判断标准。

（二）外资深度介入行业的经验证明，允许社会资本投资铁路行业存在安全风险

引进外资是我国改革开放实施的重要政策，近三十年来，利用外资的程度和水平已经成为衡量地方经济发展的重要指标，甚至很多地方已经将招商引资的业绩作为考核干部工作绩效的重要依据。外资对我国经济发展的贡献已经成为不可否认的事实，外商投资确实给很多行业和地方经济的发展带来了活力，促进了行业和地方经济的快速发展。但是，近年来一些重要行业的外资深度介入，也给这些行业带来了安全威胁，如互联网行业。十余年来，外资通过 VIE^①（Variable Interest Entity，简称VIE，即"协议控制实体"）模式绕过政府监管和投资限制，借助中国互联网企业急于筹资而又无法满足境内上市条件只能到境外上市的机遇，逐步深度介入各大互联网企业，成为多家互联网巨头的大股东。据人民网"维护中国网络安全"系列报道，目前腾讯的第一大股东，网易的前三大股东，新浪的前三大股东，以及百度的前三大股东都是外资企业^②，人民网已经发出警惕，

---

①　VIE结构是由外国投资者和中国投资者共同成立一个离岸公司（在境外上市的公司），再由该上市公司在中国境内外商投资不受限制的行业设立一家外商独资企业，再由境内这家外商投资企业提供实际出资并通过协议控制境内外资受限业务的企业，从而实现外国投资者间接投资原本被限制或禁止的领域，它的主要特征是通过协议而不是股权来控制国内公司，从而规避限制或禁止投资领域。

②　腾讯的第一大股东为南非传媒企业米拉德国际控股集团，持有腾讯33.93%的股份；网易的三大股东分别是奥比斯投资公司、美国资本研究全球投资者公司和Lazard Asset投资公司，分别持有2000万股、1000万股和730万股；新浪的三大股东也均为外资；百度的三大股东均为外资机构，分别为英国的独立资产管理公司 Baillie Gifford & Co Limited 持有3000万股，持股比例达8.7%，排第二的 T.Rowe Price As-

没有网络安全就没有国家安全①，外资深度介入中国互联网产业或将威胁网络安全②。

　　再如兰州"4·11自来水污染"事件，调查结果认定为供水安全责任事件，事故的直接原因是兰州威立雅水务公司4号、3号自流沟由于超期服役，沟体伸缩缝防渗材料出现裂痕和缝隙，兰州石化公司历史积存的地下含油污水渗入自流沟，对输水水体造成苯污染。③而调查显示，受污染的兰州威立雅水务公司自流沟建成于1959年，使用年限为50年，实际已运行近60年，早已超期服役。虽然调查组将事故责任认定为兰州威立雅水务公司的主体责任不落实，对自流沟维修保养不到位、兰州石化公司的环境风险和隐患排查治理不彻底，以及相关部门履行职责不到位等。但很显然，虽然有其他辅助原因，但是导致事故的直接原因是破旧管道超期服役，而作为外资控制的自来水公司不愿花费高额成本进行更新改造，是资

---

sociates持股数约1800万股，第三大股东奥本海默基金持有百度4.55%的股份，合计1600万股，累积持股占比达18.31%；截止到2012年10月，雅虎公司持有阿里巴巴23%的股份，而日本的软银公司则持有31.9%的股份；搜狐的情况略有不同，其2013年第二季度财报数据显示，除了第一大股东为公司CEO张朝阳以外，机构Photon Group持有700万股，持股比例达18.45%，第二大股东奥比斯投资管理公司持有640万股。参见曾亮：《外资深度介入中国互联网产业或威胁网络安全》（维护中国网络安全系列报道二），人民网：http://it.people.com.cn/n/2014/0430/c1009-24958732.html，2014年4月30日访。

　　①　曾亮：《倪光南：无网络安全就无国家安全　丢掉幻想是正道》（维护中国网络安全系列报道一），2014年4月29日，见http://it.people.com.cn/n/2014/0429/c1009-24953592.html。

　　②　曾亮：《外资深度介入中国互联网产业或威胁网络安全》（维护中国网络安全系列报道二），2014年4月30日，见http://it.people.com.cn/n/2014/0430/c1009-24958732.html。

　　③　王衡、连振祥：《兰州自来水污染原因查明　兰州威立雅董事长被撤》，2014年6月12日，见http://finance.sina.com.cn/china/20140612/180219402248.shtml。

本的趋利性质所致。如果长期使用这样的管道供水，不是渗油也会渗入别的污染物，不是 4 月 11 日发生也会在以后不特定的时间内发生。因此，我们不得不追问，像自来水这样的特殊公共事业，直接关涉公众的用水安全，是否能让外资深度介入，外资的深度介入并控制自来水企业是否确实存在安全风险。

从外资深度介入互联网行业和自来水行业引发的安全威胁和安全事件，我们可以类推到铁路行业，它们都属于关系国计民生的重要行业，如果让外资或者是民间资本深度介入到铁路行业的关键领域，资本的逐利本性也一样会威胁铁路运输安全，乃至国民经济安全以及国家安全。因此，从外资深度介入特殊重要行业引发的安全威胁和事故可以证明，允许社会资本投资铁路行业存在安全风险，确立社会资本禁入的领域需要以安全性为判断标准。

中国早期外资投资铁路的历史分析和外资深度介入互联网行业和自来水行业引发的安全威胁和安全事故论证充分说明，在确立允许社会资本进入铁路行业的具体领域问题上，我们不能只看效率，而必须要清醒地认识到安全是确立铁路行业向社会资本开放界限必须考虑的因素，尤其是对外资和民间资本开放的领域不得不提高警惕。因此，确立社会资本禁入的领域需要以安全性为判断标准。

二、公益性标准

如前所述，铁路行业具有极强的特殊性，兼具营利性和公益性特征。虽然铁路投资成本较大，需要巨额资金投入，但铁路建成后可以通过铁路运输赚取收入而实现盈利。只要国家铁路管理体制设计合理，并且具有完善的投资者权利保障制度，铁路行业可以实现盈利，而且利润不菲。1830年英国依靠蒸汽动力牵引运输的第一条铁路，即利物浦至曼彻斯特的铁路，投入运营后其利润很快就达到了 10%，而且客货运量的增速激发了人们对铁路的投资兴趣，促使英国在 1836 年至 1837 年出现了铁路发展史上第一次大狂热。① 美国铁路产业发展一开始就遵循了以私人资本为主体的投资体制，而吸引大量私人资本的主要动因就是美国铁路可观的盈利能力，19 世纪 40 年代在新英格兰和大西洋中部地区的铁路就已经有 2/3 能够赢利，平均利率近 7%，少数铁路的股息高达 10%，在 1849—1859 年期间美国西部铁路投资的平均回报率达到 7%，超过当时美国经济中其他产业的投资收益率。② 高收益促使了社会资本对铁路行业的投资热情，也成就了美国早期铁路建设的高速发展。因此，营利性是铁路行业吸引社会资本的直接动力，没有高收益的驱使，就不可能引发社会资本对铁路行业的狂热追求，也就无法成就铁路建设的快速发展。

但是，铁路行业除了营利性特征之外，还具有公益性特征，主要表现为：

其一，铁路运输是居民出行和货物运输的基础性交通工具。铁路运输的服务对象是不特定的社会公众，在今天的生活中，人们中长途出行和中长途大批量货物运输的主要工具是火车，铁路运输以其速度快、成本低、安全性高以及绿色环保等特征深受人们信赖，已经成为人们生活中不可或缺的基础性交通方式，与人们的生活紧密地联系在一起，连续而不间断地享受铁路运输服务，已经成为广大人民群众的普遍诉求。

其二，铁路运输是拉动一方社会经济发展的主要动力。"要想富，先修路"是一句激励人们致富的口号，这句口号告诉人们一个道理，即交通运输是经济社会快速发展的前提条件。如果一个地方交通落后，信息闭

---

① 刘佳：《简论 19 世纪三四十年代英国铁路的发展及国家干预的开始》，《首都师范大学学报（社会科学版）》2009 年增刊。

② 汪建丰：《美国政府铁路产业政策变迁的历史分析》，《社会科学战线》2005 年第 3 期。

塞，则这个地方基本就是贫穷落后的代名词，既不可能有大量的投资涌入，也很难出现经济社会的快速发展；相反，如果一个地方交通发达，人们出行和货物运输极为便捷，则这个地方经济社会快速发展的可能性会很大，尤其是一个地方如果修通铁路，则对这个地方的招商引资，乃至促进经济社会快速发展均有极大的帮助。因此，是否有铁路尤其是高速铁路是衡量一个地方经济社会发展水平或发展潜能的重要指标，铁路运输跟一个地方的经济社会发展密切地联系在一起，是带动一个地方经济社会快速发展的主要动力。

其三，铁路运输承担着大量的社会公益性运输职能。铁路运输与民航、公路以及水路运输不同，它具有运输成本相对较低、运输速度相对较快、运输能力相对较大，以及受天气影响小、安全性好等特点。因此，铁路运输比其他运输方式承担着更多的公益性运输任务，如学生、伤残军人、涉农物资和紧急救援等公益性运输任务，以及涉及边疆稳定，具有重要政治意义的一些运输任务，如青藏线、南疆线等，即便亏损经营也必须持续提供公益性的铁路运输服务。

从以上三方面的公益性表现可知，公益性是铁路运输服务的本质属性之一。依据资本的逐利本性，铁路运输的公益性特征很难给铁路投资者带来丰厚的经济利益回报，如果允许社会资本进入铁路行业，社会资本的逐利本性会驱使投资主体强化股东利益的最大化，进而会侵蚀铁路行业的公益性。因此，社会资本准入有降低铁路行业公益性的风险，公益性应该作为确立社会资本禁入领域的判断标准。

第四节　铁路行业社会资本禁入领域的判断

确立了安全和公益性为禁止社会资本进入铁路行业具体业务领域的判

断标准，并不代表要以安全和公益性为由而彻底拒绝社会资本投资铁路，其目的是要以安全性和公益性为标准，科学地判断铁路行业哪些具体业务领域需要禁止社会资本投资，从而建立科学合理的社会资本铁路准入领域的法律制度，确立铁路行业向社会资本开放的合理界限。因此，需要对铁路行业的具体领域进行类型化细分，然后依据安全性标准和公益性标准进行具体判断。

　　铁路行业的经营业务领域主要有三类：第一类是铁路基础设施服务业务领域，包括铁路基础设施建设和基础设施运营业务领域；第二类是铁路运输服务业务领域，包括铁路旅客运输服务和铁路货物运输服务业务领域；第三类是其他业务领域，如车辆租赁、车辆维修以及多种经营等业务领域。除此之外，有学者还将铁路行业发展规划、铁路运输市场监管和安全监管等政府职能行为归为一类，将信息查询、财务清算、调度指挥、客票销售等公共中间品环节归为一类。提出对于公共中间品环节业务应该单独组成行业内的公共服务机构和公共设施企业，实现独立完整运作，这样既可以作为共用设施多次重复使用而节约成本，还有利于为行业内各运输企业提供透明、平等、无差别的服务。[①] 但是，政府行为服务类型属于纯粹的公共产品，具有绝对的非排他性和非竞争性，只能由政府提供，而且专属于政府职权，不在是否允许社会资本投资的范畴之内。从表面上看，将公共中间品环节业务独立出来，单独组建业务公司，独立地为各类铁路运输市场主体提供服务，可以从制度设计上保证其独立性，为公平公正地对待各类市场主体提供制度保障。这好像是一个很好的思路，可以适用于目前铁路行业的运营模式，也可以适用未来铁路行业深化改革后的各种运营模式。但是，铁路运输调度指挥系统中的铁路行车

---

①　张梦龙、欧国立：《铁路改革必须重视物品属性的结构性影响》，《宏观经济研究》2013 年第 8 期。

调度指挥由各拥有路网的铁路企业行车调度台实施，具体由列车调度员在其负责的区段内统一调度指挥，它必须依赖于铁路路网进行行车调度指挥，无法单独组建独立系统；而目前铁路系统内存在的庞大清算系统主要依托于中国国家铁路集团有限公司而存在，由于目前铁路行业内缺乏公益性补贴机制，"中国铁路"只能通过铁路清算系统进行盈亏路线以及盈亏业务之间的平衡互补清算。随着铁路行业的市场化改革逐步深入，将可能实现铁路运输主体之间互相清算交割，届时独立的清算系统也将不复存在。至于客票销售等环节，也将会随着铁路行业市场化改革的深入而由市场主体自行解决。因此，铁路行业需要依据安全和公益性标准进行判断的具体业务领域主要是基础设施领域、运输服务领域和其他业务领域。

一、基础设施运营领域的判断

铁路基础设施运营业务领域可以分为主干线基础设施运营领域和支线基础设施运营领域。主干线主要是指国家重点规划的主干道[1] 以及连接省会城市和较大城市之间的线路；而支线主要是指主干线之外的线路，主要包括不在主干线上的地级市、县级市或城镇之间，或它们与省会城市之间的线路，以及货运专线等线路。

铁路是国民经济的大动脉，主要是指铁路基础设施的运营，尤其是

---

[1] 如中国高铁规划"八纵""八横"。"八纵""八横"是中国高速铁路网络的短期规划图。2016 年 7 月，国家发展改革委、交通运输部、中国铁路总公司联合发布了《中长期铁路网规划》，勾画了新时期"八纵""八横"高速铁路网的宏大蓝图。"八纵"通道包括沿海通道、京沪通道、京港（台）通道、京哈—京港澳通道、呼南通道、京昆通道、包（银）海通道、兰（西）广通道；"八横"通道包括绥满通道、京兰通道、青银通道、陆桥通道、沿江通道、沪昆通道、厦渝通道、广昆通道。

主干线的运营。铁路主干线的运营是否通畅，关乎民众出行是否顺畅和安全，关乎各类市场主体的货物运输是否畅通。如果从整个铁路主干线是否畅通的角度观察，还关乎国民经济安全，关乎社会稳定，乃至国家安全。如果允许社会资本进入铁路主干线的基础设施运营领域，让外资或者民间资本控制铁路主干线的经营权或所有权，则相当于让外资或民间资本控制了国民经济的大动脉，这对国民经济乃至国家都会构成安全威胁。而且资本的逐利本性会促使投资主体朝着利益最大化的方向努力，为了提高运输效率，投资主体会不断降低路网维护成本，并且充分使用路网设施，这样很容易导致安全事故，危及铁路运输安全。英国铁路路网公司过度私有化后导致重大安全事故频发，最后因经营陷入困境而破产，英国政府只能对路网公司重新实施国有化经营管理[①]；美国铁路基础设施主要由铁路货物运输公司拥有，而且主要是私有，美国铁路旅客运输公司主要租用铁路货物运输公司的铁路线路。由于资本的逐利本性，私有制的铁路货物运输公司不愿过多地进行铁路基础设施的更新改造，线路老化、速度缓慢已经成

---

　　①　英国于 1993 年通过了新的《铁路法》开始实施铁路私有化改革，成立了一家路网公司（Railtrack），它拥有所有铁路基础设施，并于 1996 年在伦敦证券交易所上市实现股份公众化，将路网公司彻底私有化。私有化初期，Railtrack 公司经营状况良好，政府补贴大幅减少，基本减少到改革前的一半左右。但是，私有化后的英国路网公司强调股东利益最大化，将主要精力放在了股东价值及如何对股东分配股利上，而非放在路网维护上，对路网维护投入较少，并且将大量的维护工作交给安全责任意识不强的私营企业，导致重大安全事故频发。1999 年后，经营每况愈下，负债总额高达 33 亿英镑，最后资不抵债，只能靠政府补贴度日。2001 年英国铁路路网公司进入破产程序，2002 年 10 月 3 日，英国重新组建路网公司（Network Rail），由英国政府借款给新路网公司收购了原路网公司的资产，政府成为新路网公司的实际控制人。新的路网公司是不以营利为目的的特殊法人，宗旨是为列车运营公司服务，没有股东，全部利润用于路网再投资。参见梁栋：《英国铁路考察报告》，《铁道经济研究》2010年第 4 期。

为制约美国铁路发展升级的瓶颈①。日本铁路民营化后由 JR(Japanese Rail-
ways，简称"JR"）各公司负责铁路基础设施的安全维护，在桥梁和隧道等
设施的更新、交叉路口的改良、雪崩和塌方等安全运输防护设施等方面，
投资比民营化前几乎减少了一半，安全隐患不断积累。② 英国、美国、日
本等国家铁路基础设施由民营资本控制的经历证明，如果铁路主干线的基
础设施运营领域允许社会资本进入将存在重大安全风险，应该谨慎。欧洲
各国在铁路改革过程中往往都保留一个全国性的垄断基础设施管理者，而
运输运营商则是竞争性的，即使在彻底实行网运分离的国家，基础设施管
理者因为其自身的垄断地位也不会有太大的经营压力③，值得借鉴。

　　铁路支线相对于铁路主干线，对整个国家的重要性和影响力相对要
小，主要在区域范围内，出现问题容易控制，所以其安全危害性要比主干
线小，公益性的程度也要比主干线弱。如果允许社会资本准入支线运营领
域，不会危及国民经济安全和国家安全。至于铁路运输安全，铁路支线与
主干线一样，同样会面临社会资本过于注重股东利益最大化而减少基础设
施维护投入的风险，但经营铁路支线的铁路公司一般规模不大，铁路线路
的等级也不高，行车速度较慢。因此，铁路基础设施的安全监督管理相对
于主干线较为容易，只要安全监管到位，铁路运输安全就可以得到保障。

---

　　① 美国铁路公司在 2000 年引入的 Acela 列车是美国第一列高速列车，多数时
候都满员。该车已经缩短了华盛顿、纽约和波士顿之间的运行时间，但是老化的轨道
和桥梁都令其降速，在巴尔的摩有百年历史的隧道中，火车经过时简直是在爬行。参
见 RON NIXO NAUG：《纽约时报头版刊文：花 110 亿美元　美国高铁仍落后中国》，
观察者网译，凤凰资讯网：http://news.ifeng.com/a/20140810/41516115_0.shtml，2014
年 8 月 10 日访。
　　② 陈志广：《日、英两国铁路事业民营化改革及其启示》，《国家行政学院学报》
2012 年第 5 期。
　　③ 余晖、何静：《欧盟铁路改革的体制框架、关键路径及其启示》，《江海学刊》
2016 年第 1 期。

并且国家没有足够的资金修建全部铁路，而很多铁路支线的尽快建成对当地经济社会的发展非常重要，因此，允许社会资本进入支线运营领域是明智的选择。

基于以上分析，可以得出以下结论：应该禁止社会资本投资铁路主干线的基础设施运营领域，而铁路支线的基础设施运营领域则可以向社会资本开放。由于铁路基础设施建设业务不涉及安全和公益性问题，无须通过准入制度进行特别限制，社会资本可以投资铁路主干线和支线的建设领域，但只能拥有支线经营权，不能拥有主干线的经营权。在这种情况下，要达到既吸引社会资本参加铁路主干线建设，同时又不失去铁路主干线的所有权和经营权，就需要借助投资方式的选择和创新设计。如 BT（Build-Transfer 的简称）投资方式，由出资方修建铁路后转让给国有铁路公司，出资方不进行铁路路网经营，也不拥有所有权。目前很多铁路项目建设都采用施工方垫资修建铁路的方式，修建完工后即转让给国有铁路公司经营。这种投资方式适用于国家或地方政府急于修建铁路却资金暂时不足，只能边建设边筹资的情形，特别适合中国目前急于发展经济但苦于财政资金匮乏的现实情况。BT 投资方式既能筹集到资金，又不会丧失对铁路的所有权和经营权，目前很受欢迎。再如铁路发展基金模式，由中国铁路总公司设立铁路发展基金，由投资主体将资金投入到铁路发展基金，再由发展基金投资到铁路项目，然后按投资协议给投资主体固定的利润回报。目前国家发展改革委员会（以下简称"发改委"）同财政部、交通运输部已经制定了《铁路发展基金管理办法》，界定了铁路发展基金的基本性质和运营方式。① 这种投资方式既可以吸引大量社会资本进入铁路主干线的基

---

① 2014 年 6 月 25 日，国家发展改革委会同财政部、交通运输部制定了《铁路发展基金管理办法》，规定铁路发展基金是中央政府支持的、以财政性资金为引导的多元化铁路投融资市场主体。铁路发展基金存续期为 15—20 年，中国铁路总公司作为政府出资人代表，以及铁路发展基金主发起人，与社会投资人签订出资人协议，确

础设施建设领域，又不会丧失铁路主干线的所有权和经营权，不会危及铁路行业的发展安全，也不会丧失铁路的公益性特征。

二、旅客运输领域的判断

铁路旅客运输服务的对象是人，运输对象的性质决定了铁路旅客运输服务的要求主要是安全、快速和舒适，其中安全是前提，只有在满足安全的基础上才能追求速度和舒适。因为铁路运输事故导致的是生命和健康损失，所遭受的损失很难弥补，即便事故之后会进行一定数额的经济赔偿，但经济赔偿无法挽回生命和健康损失，所以铁路旅客运输服务对安全的要求很高。危及铁路运输安全的因素很多，如铁路路网和铁路机车的维护不到位，以及铁路运输公司的管理不到位等都会危及铁路运输服务安全，如果允许社会资本进入铁路旅客运输领域，在资本逐利本性的驱使下，股东利益最大化的要求会促使其不断降低运营成本，而过度降低运营成本的风险就会危及铁路运输服务安全。因此，允许社会资本进入旅客运输服务领域有安全风险。

另外，铁路旅客运输具有很强的公益性，其运输服务对象是不特定的人，任何公民都可能成为铁路运输服务的对象，铁路旅客运输服务的任何变化都可能会影响广大居民的出行。如果允许铁路行业社会资本进入旅客运输服务领域，在资本逐利本性的驱使下，投资主体为实现利润最大化，会根据市场行情确定价格。在目前铁路旅客运输服务价格相对偏低的情况下，社会资本投资设立的铁路运输企业进行涨价的可能性很大，尤其

定双方的权利、责任、义务，保证社会投资人按约定取得稳定合理的回报，社会投资人作为优先股股东，不直接参与铁路发展基金经营管理，并且要求铁路发展基金投资必须符合国家规定的投资方向，主要用于国家批准的铁路项目资本金。

是在节假日，旅客剧增，铁路运力无法满足旅客运输需求，铁路运输市场如果完全由铁路运输企业控制，进行大幅涨价的可能性会更大。而涨价的直接后果就是居民出行成本增加，进而招致社会公众的强烈反对，甚至会否定社会资本进入铁路行业的改革成果。而且在利润最大化的驱使下，为了压缩运营成本，投资主体还会减少运输服务人员，以及采取其他压缩成本的行为，而这些行为的结果都可能会降低服务质量，招致社会公众的不满。因此，允许社会资本进入旅客运输服务领域有降低铁路公益性特征的风险。

除了安全性风险和公益性降低的风险之外，铁路旅客运输领域对社会资本没有足够的吸引力，因为大部分铁路旅客运输公司都很难盈利，只有日常客源特别充足的路段才能实现盈利。大部分国家铁路旅客运输领域都实行国有化经营或政府补贴的特许经营。如英国铁路客运公司采用特许经营的方式，不出售股票，一方面是很多客运公司不可能自我实现盈利，故私人部门不可能真正接手；另一方面是铁路旅客运输服务主要是基于广泛的社会经济目标，而非狭隘的商业目标，保留国有的方式便于通过合同设定、财政补贴等手段保障一定水准的服务。[1] 美国政府为了保证铁路旅客运输的公益性，同时要减轻铁路公司的压力，免除铁路公司经营客运的法律责任，于1971年由政府出资成立了美国国家铁路客运公司（Amtrak），接管了铁路公司几乎全部的城际客运业务，实行"网运分离"运营模式，由 Amtrak 与经行的各铁路公司签订线路长期租用合同，并支付过路费，经营亏损则由政府补贴。[2]

由此可见，铁路旅客运输服务一般不具有营利能力，而且还具有很强

① 陈志广：《日、英两国铁路事业民营化改革及其启示》，《国家行政学院学报》2012年第5期。

② 来有为、宋方明：《美国铁路规制改革》，《经济理论与经济管理》2003年第3期。

的公益性特征和安全性要求，允许社会资本进入旅客运输服务领域会导致安全风险和降低公益性的风险。因此，从铁路运输的公益性和安全性角度分析，应该禁止社会资本进入铁路旅客运输服务领域。

但是，我们的特殊国情又不允许完全禁止社会资本进入旅客运输服务领域，我国有 14 亿人口，铁路旅客运输服务需求量非常大，而且我们还是发展中国家，居民人均收入不高，铁路旅客运输是广大居民出行的基础性交通方式，铁路旅客运输在我们生活中具有极为重要的意义，具有保障民生的性质，尤其是在相对落后的地区，铁路运输还是一种奢求。如果我们只设立国有铁路旅客运输公司很难满足居民出行需求，单独由国家出资经营铁路旅客运输业务也不太现实。而且很多社会资本投资设立的铁路运输企业修建铁路后，需要在已经修建的铁路上进行旅客和货物运输，并且更多的是当地居民和政府要求铁路公司从事旅客运输服务，满足当地居民出行的要求。

因此，在铁路旅客运输服务领域，合理的开放界限应该是禁止社会资本进入铁路旅客运输服务领域，但允许投资主体在自己修建的铁路线路上从事旅客运输服务，以及允许投资主体在以自己修建的铁路为起始点的线路上从事旅客运输服务。

三、货物运输领域的判断

铁路货物运输服务的对象是货物，其主要关注的是货物运载能力，以及货物运输装卸便捷程度，尤其是一些特殊形状和特殊性质的物品，需要特殊的火车车厢进行装载，如超大件物品、保鲜物品以及具有强腐蚀性的物品等。货物运输对速度有一定程度的要求，但没有像旅客运输那样严格，只要在满足其他条件的情况下能尽量加快速度即可。从安全性和公益性进行考察，铁路货物运输具有一定的安全性要求，也具有一定程度的公益性，但相比铁路旅客运输其安全性要求较低，公益性程度也弱。铁路货物运输服务的安全性主要体现在货物运输安全上，虽然货物运输的安全性没有旅客运输要求那么高，货物运输发生安全事故导致的主要是财产损失，财产损失相对于生命和健康损失容易得到补偿，但铁路货物运输载重量大，运输安全事故造成的财产损失巨大，所以安全对货物运输也很重要。铁路货物运输是社会经济生活中市场主体的主要货物运输方式，保持铁路货物运输服务的持续和稳定，对国民经济和国家安全意义重大，这是铁路货物运输服务公益性的具体体现。

因此，如果允许社会资本进入铁路货物运输领域，会造成一定程度的安全风险和铁路公益性减损的风险，但这种风险很小，没有达到需要禁止社会资本进入的程度，只需要保留适当数量的大型国有独资或控股铁路货物运输企业，即能达到规避安全风险和保障铁路货物运输公益性需求的目的，没有必要禁止社会资本进入货物运输领域。而且铁路货物运输业务有较大的盈利空间，是吸引社会资本的主要领域，因此，应该向投资主体开放铁路货物运输服务领域。

四、铁路其他领域社会资本禁入的具体判断

铁路基础设施领域和铁路运输领域是铁路行业的核心领域，铁路行业的经营首先必须有铁路，然后需要有运输经营。除此之外，还需要有其他业务的配合，如车辆租赁业务、机车维修业务、货运代理业务等不属于铁路基础设施业务和铁路运输业务的业务领域。这些业务对铁路运输也非常重要，是铁路行业健康快速发展必须具备的业务。从安全性考察，这些业务对铁路运输安全也较为重要，如果业务服务质量不过关，很容易出现铁路运输交通事故，如机车维修不过关，很容易在运输过程中出现问题，甚至导致交通事故。但这类安全风险的防范只需通过设立合理的准入条件即

可有效避免，主要属于资质条件要求，不需要禁止社会资本进入这类业务。同时，这类业务的公益性特征比较弱，社会资本提供此类服务不会导致降低铁路公益性特征的风险。因此，此类业务更加适合市场化竞争，通过设置合理的市场准入条件，鼓励各类投资主体进行公平的市场竞争是发展此类业务的重要渠道。

综上所述，从立法的角度分析，建立社会资本进入铁路行业准入领域法律制度应该选择负面清单模式，按照安全性标准和公益性标准进行判断禁止社会资本投资铁路行业的具体业务领域。具体为：其一，禁止社会资本进入铁路主干线基础设施运营领域，但是，允许以不控制铁路主干线基础设施所有权和经营权的投资方式投资建设铁路主干线，如 BT 投资方式和铁路发展基金投资方式等；其二，禁止社会资本投资铁路旅客运输业务领域，但是允许社会资本投资者在自己修建的铁路线路上或者以自己修建的铁路线路为起始点从事旅客运输服务；其三，除以上禁止之外的铁路行业经营业务领域允许社会资本经营。

第三章
铁路行业社会资本准入的条件[*]

　　负面清单模式路径建构的铁路行业社会资本准入领域制度确立了铁路行业向社会资本开放的界限，明确了禁止社会资本准入的具体领域，除此之外皆属于允许社会资本进入的范围。但是，允许社会资本进入并不代表所有的投资主体都可以任意投资铁路行业的具体领域，允许哪些投资主体投资铁路行业需要准入条件限制，即只有符合准入条件限制要求的投资主体才有资格投资铁路行业，而不符合准入条件限制要求的投资主体则不能进入铁路行业。然而，目前铁路行业的法律法规和政策并未明确社会资本准入的条件，导致社会资本投资主体无法清晰地获悉自己是否适格，无形中增加了社会资本准入的难度，使社会资本进入铁路行业在开端环节即遭遇障碍。因此，需要对铁路行业社会资本准入条件制度进行合理设计，建构既能吸引社会资本进入铁路行业，又能够保证铁路安全健康发展的准入条件制度。

---

　　* 本章主要内容已发表，参见亓道远：《铁路行业社会资本准入条件制度》，《经济法学评论》2016 年第 2 期，以及亓道远：《社会资本投资铁路适格主体》，《河北法学》2013 年第 12 期。

第一节　铁路行业社会资本准入条件的宗旨

准入条件是铁路行业社会资本准入的核心环节，设置铁路行业社会资本准入条件制度是保证铁路市场主体质量的需要，是保证铁路运输安全的需要，也是保证投资者平等准入机会的需要。

一、确保铁路市场主体质量的需要

在熟人社会，人们对彼此之间的能力有充分的了解，很少需要借助外界的衡量标准进行评判，正如费孝通先生所言，在乡土社会中法律是无从发生的[①]，但是，在陌生人社会中，人们对彼此之间的能力并不了解，认可对方能力往往需要借助外界依据。条件是能力的象征，是陌生人社会中评判能力的最佳途径。市场经济社会属于陌生人的社会，市场衡量相关主体能力的途径就是设置准入条件，准入条件是市场主体获取进入市场资格所应具备的基本品质。[②] 通过准入条件的衡量，可以初步推断出符合自己需求所应具备的能力水平。

在陌生的市场环境中，铁路行业向社会资本开放，但对广泛的社会资本投资主体的能力情况并不了解，因此需要设置铁路行业社会资本准入条件制度，通过准入条件的满足，测评社会资本投资主体的能力，从而达到选择合格投资者的目的。并且，经过筛选，将不合格的社会资本投资主体排除在外，可以从源头上保证进入铁路市场的主体质量。

---

① 费孝通：《乡土中国》，江苏文艺出版社 2011 年版，第 10 页。

② 章志远、黄娟：《公用事业特许经营市场准入法律制度研究》，《法治研究》2011 年第 3 期。

二、确保铁路运输安全的需要

　　铁路运输是个系统工程，其运输安全需要铁路运输工作的整体配合，每个工作环节都必须到位，无论哪个环节出现差错，都可能会危及铁路运输安全。而铁路运输中的每项具体工作都需要相关主体来执行，如果没有科学合理的准入条件限制，不具备相应能力的市场主体就可能会进入铁路运输行业，提供铁路运输服务及相关服务。这些主体的进入为铁路运输安全埋下了隐患，一旦这些主体在铁路运输工作的某个环节出现纰漏，就会导致铁路运输安全事故的发生。因此，铁路行业社会资本准入条件是铁路运输安全的必要条件，没有准入条件的限制，主体制度上就缺乏保障铁路运输安全的制度环境。设置铁路行业社会资本准入条件制度，可以从制度源头上有效排除不合格主体进入铁路运输市场的可能性，确保进入铁路运输市场相关主体的质量，从而可以从主体制度上保障铁路运输安全。

三、确保投资者平等准入机会的需要

　　为投资者提供平等的准入机会是市场经济努力追求的目标，而实现这一目标的主要途径是设置公平合理的准入条件。准入条件的本质是限制和要求，市场主体必须履行这种限制和要求，方可获准进入该行业的具体领域。[①] 铁路行业社会资本准入条件，是对所有铁路行业的投资者设置了统一的门槛，即要求每一个进入铁路行业的投资主体都必须履行准入条件的限制性义务，只有达到准入条件才能投资铁路行业，达不到准入条件则不能投资铁路行业。而对于达到准入条件的投资者，如果不允许其投资铁

---

　　① 　葛声、安一丹：《东道国对外资银行市场准入条件法律监管探讨》，《湖北经济学院学报（人文社会科学版）》2009 年第 9 期。

路行业则必须有法定的理由，否则不能任意剥夺其准入资格。因此，铁路行业社会资本准入条件对所有投资主体都是平等的，它为所有的投资主体提供了投资铁路行业的资格标准，只有达到标准才有资格投资铁路行业的具体业务领域，否则无权投资铁路行业，这是公平价值在铁路行业社会资本准入中的具体体现。

四、确保铁路行业合理竞争秩序的需要

合理的竞争秩序对行业的发展至关重要，如果一个行业内部的竞争主体过少，则说明行业竞争不足，整个行业的发展没有活力；相反，如果一个行业内部的竞争主体过多，竞争过于激烈，则竞争过度对行业内部资源的争夺也会损害行业的长远发展。因此，行业的健康发展需要合理的竞争秩序，竞争不足和竞争过度均在排除之列。准入条件的设置可以有效地调节竞争不足或竞争过度的状况：当行业内部竞争不足时可以降低准入条件，吸引更多的投资主体投资具体行业，刺激行业内部竞争，改善行业内的竞争状况；相反，如果行业内竞争过度，就应该提高准入条件，限制潜在的投资主体进入该行业，从而改善过度竞争的状况。2010年水泥行业设置《水泥行业准入条件》的主要目的就是为了抑制水泥行业产能过剩和重复建设，避免过度竞争。①

铁路行业社会资本准入条件的设置可以调节铁路行业内部的竞争状况。如果铁路行业内部竞争不足则应该降低准入条件，在保证铁路运输安全的前提下，让更多的投资主体符合准入条件，吸引更多的投资主体进入铁路行业，刺激铁路行业的内部竞争，激发铁路行业的发展活力。相反，

---

① 中华人民共和国工业和信息化部2010年发布的《水泥行业准入条件》第1条规定：为贯彻落实科学发展观，抑制产能过剩和重复建设，加快结构调整，引导水泥行业健康发展，根据国家有关法律法规和产业政策，特制定水泥行业准入条件。

如果铁路行业竞争主体过多，竞争过度则应该提高准入条件，控制潜在竞争主体进入，防止竞争状况不断恶化。目前我国铁路行业内部竞争严重不足，因此，正确的处理方式应该是降低准入条件，鼓励更多的社会资本进入铁路行业，刺激铁路行业内部竞争，激活铁路的发展动力。目前国家已经明确地认识到铁路行业竞争不足的问题，而且在多个规范性文件中均明确表明要放宽准入门槛，鼓励铁路行业社会资本准入。[①]

第二节　铁路行业社会资本准入条件的指标体系

要建构科学合理的铁路行业社会资本准入条件制度，需要针对准入条件预实现的功能，遵循投资规律，按准入条件的内容，对铁路行业社会资本准入条件的核心要素进行梳理，确立身份条件、资本条件、技术条件、商业信誉条件以及治理水平条件等指标体系，并在此基础之上建构铁路行业社会资本准入条件制度。

一、身份准入条件

铁路行业社会资本准入领域制度主要解决哪些领域允许社会资本投资或者哪些领域不允许社会资本投资的问题。而在铁路行业社会资本准入条件制度中设置身份条件主要解决允许或不允许哪些投资主体进入铁路行业，以及具体到某些具体领域不允许某些社会资本投资的问题。身

[①]　2005 年和 2010 年国务院发布的"非公 36 条"和"新非公 36 条"，以及 2005 年和 2012 年铁道部发布的"铁道部 2005 年意见"和"铁道部 2012 年意见"等文件中均提出要放宽市场准入。

份条件是对投资者的资格进行限制，其主要目的在于维护铁路市场公平竞争，以及保障铁路行业的安全健康发展。为保证铁路旅客运输市场的公平竞争，英国在 1993 年制定的《英国铁路法》第 25 条规定，英国不允许公营部门的经营者成为铁路旅客运输的经营者①，因为允许这些公营部门的法人团体和个人参与铁路旅客运输经营，他们的特殊身份和权力会破坏铁路运输市场的公平竞争。我国相关法律也有类似的规定，如《中华人民共和国公务员法》第 53 条第十四项规定，公务员不得从事或者参与营利性活动，不得在企业或者其他营利性组织中兼任职务；《中华人民共和国法官法》第 32 条第十一项规定，法官不得从事营利性的经营活动；《中华人民共和国检察官法》第 35 条第十一项规定，检察官不得从事营利性的经营活动。由于这些人特殊的身份，如果允许他们从事营利性的经营活动，他们拥有的权力就会破坏市场的公平竞争秩序。在铁路行业，如果允许这些主体投资铁路行业的具体领域，也会破坏铁路市场公平竞争秩序，因此，应该禁止这些主体投资铁路行业。此外，虽然我国相关法律没有规定，但按照企业国有资产的公益性属性不同，公益性较强且有明确特定目的的国有企业②也不能投资铁路行业，党的

---

①　《英国铁路法》第 25 条规定，公营部门经营者包括法人团体和个人，主要指王室大臣、政府机构或其他王室机构；任何地方政府；任何市县旅客交通机构；任何其成员由王室大臣、政府部门、地方政府或旅客交通机构任命的集团公司或者其成员由这样的集团公司任命的公司；持有上述这些类型的法人团体或个人的大部分股份的公司；持有或代表这些法人团体或个人的大部分表决权的公司；可被这些法人团体或个人任命或解除其大部分领导成员职务的公司；依据与其他人达成的协议，由这些法人团体或个人控制大部分表决权的公司；以及适合上述类型的子公司。参见何璧主编：《铁路改革立法规范》，中国铁道出版社 1999 年版，第 134 页。

②　公益性国企是指直接用于公共事业的公用企业，在中央层面主要包括如石油、石化、电网、通信服务等领域的企业，在地方层面则主要包括供水、供气、公共交通等方面的企业。

十八届三中全会通过的《中共中央关于全面深化改革若干重大问题的决定》指出，要准确界定不同国有企业功能，功能即国有企业的任务[①]，有明确特定任务的国有企业只能从事其固定的业务，不能投资其他行业，包括铁路行业。

　　然而，关于身份条件的运用，目前铁路行业存在的问题是过分强调而不是强调不足，是隐性强调而不是明确规范地强调。具体表现在向社会资本开放的实践中，过分强调铁路行业的系统性、规模经济、统一调度指挥等特征，排斥和抵触外资、民间资本和竞争性国有资本等社会资本进入铁路行业。虽然政策在态度上强调平等性，但在具体准入环节和运营环节中设置种种"玻璃门"和"弹簧门"，将社会资本拒之门外。因此，铁路行业社会资本准入的身份准入条件，应该以明确规定的形式禁止一些不适格的投资主体。除此之外，应该淡化身份条件，强调铁路行业中市场主体的平等性，并积极为铁路行业市场主体公平竞争创造条件。

二、资本准入条件

　　资本是衡量企业实力的主要指标，是企业实力的象征，具体以注册资本或资产规模来表现。一般情况下，人们往往通过注册资本或资产规模来判断企业的实力，尤其是在对企业情况掌握不充分时，注册资本和资产规模就成为人们判断企业实力的主要指标。以前人们对注册资本的依赖程度很高，并以此作为保障债权人权益的主要依据，但随着对企业资本认识的逐步深入，人们发现注册资本对企业债权人权益的保障程度有限，相对于注册资本，企业资产更能保障债权人的权益，同时也更能衡量企业的经济

---

① 杨卫东：《论新一轮国有企业改革》，《新华文摘》2014 年第 14 期。

实力。① 在实践中，2005 年《公司法》修改时将注册资本由原来的股东一次全额缴纳改为允许股东在首次出资额不得低于注册资本的 20%的情况下，其余部分可以在两年内缴足，投资公司可以在五年内缴足，而且将有限责任公司的注册资本最低限额从原来的 50 万元、30 万元和 10 万元统一降低为 3 万元②；股份有限责任公司的最低注册资本限额从原来的 1000 万降低到 500 万。2013 年《公司法》再次修改时直接取消了公司最低注册资本限额，对公司最低注册资本不再作要求，具体出资额由公司章程规定。③

然而，尽管理论界已经认识到注册资本对企业债权人的保护程度有限，并且 2013 年修改的《公司法》取消了对注册资本最低限额的要求，但这只是对一般企业的要求。铁路行业属于特殊行业，铁路运输企业的运营对资金的需求量很大，在企业刚设立时，注册资本仍然是企业经济实力的主要衡量标准。如果注册资本过低，不仅会影响企业设立初期的资金筹集能力，而且还会影响企业后续的举债融资能力。另外，设置设立铁路企业时注册资本的最低限额要求还可以过滤缺乏资金实力的投资主体，确保投资铁路市场主体的质量，达到既能保持铁路规模经济效应，又能培育铁路运输市场良性竞争秩序的目的。④

因此，在铁路行业社会资本准入资本条件的设置上，应该采取区分对

---

① 参见傅穹：《重思公司资本制原理》，法律出版社 2004 年版，第 81—89 页。此观点还可参见赵旭东：《从资本信用到资产信用》，《中国法学》2003 年第 5 期；朱慈蕴：《公司资本理念与债权人利益保护》，《政法论坛（中国政法大学学报）》2005 年第 3 期；冯果：《论公司资本三原则理论的时代局限》，《中国法学》2002 年第 3 期。

② 一人有限责任公司为 10 万元，且要求一次缴清，参见 2005 年修改的《公司法》第 59 条。

③ 参见 1993 年制定的《公司法》第 23 条、第 78 条，2005 年修改的《公司法》第 26 条、第 59 条，以及 2013 年修改的《公司法》第 26 条、第 58 条、第 80 条等。

④ 亓道远：《社会资本投资铁路适格主体》，《河北法学》2013 年第 12 期。

待的态度。首先，铁路企业设立时的资本准入条件应该设置注册资本的最低限额，以保证铁路企业设立时的资金需求以及后续的融资需求。铁道部和中华人民共和国对外贸易经济合作部（以下简称"外经贸部"）在 2000 年发布的《外商投资铁路货物运输业审批与管理暂行办法》（以下简称《外商投资铁路办法》，已经于 2016 年 8 月 18 日废止）第 6 条第四项规定，设立中外合营铁路货运公司注册资本额应满足从事业务的需要，最少不得低于 2500 万美元。《中华人民共和国民用航空法》（以下简称《民用航空法》）第 93 条对设立公共航空运输企业也进行了最低资本额的限制。其次，铁路企业设立后申请铁路业务经营资格许可时，资本准入条件应该对企业资产规模作出最低限额要求。企业资产是构成企业对外偿债能力的基石[①]，已经设立并开始运营的铁路企业，其资产规模更能反映企业的资金实力。因此，对于已经设立并且从事相关业务的企业申请铁路业务经营资格许可时，应该以资产规模作为资本准入条件。2000 年颁布后经 2014 年、2016 年修订的《中华人民共和国电信条例》（以下简称《电信条例》）第 10 条第三项规定，经营基础电信业务，应有与从事经营活动相适应的资金；第 13 条第二项规定，经营增值电信业务应有与开展经营活动相适应的资金。2012 年发布的《中华人民共和国电信法（草案征求意见稿）》（以下简称《电信法意见稿》）第 9 条和第 11 条进行了同样的要求。1995 年欧盟委员会颁布的《关于向铁路企业发放许可证的 95/18/EC 欧盟理事会指令》（以下简称《欧盟委员会 95/18/EC 指令》）第 5 条第一款规定，在开展业务前铁路企业必须向所在成员国的许可证发放机构证明，其在任何时候都能够符合财务状况稳健等要求，第 7 条第一款解释财务稳健是指，提出申请的铁路企业应能够证明，假设按目前状况的 12 个月内，企业仍然能够履行其现在和将来的职责。

---

① 傅穹：《重思公司资本制原理》，法律出版社 2004 年版，第 89 页。

三、技术准入条件

技术是衡量企业经营能力的重要指标，是企业实力的重要标志。技术条件是对市场主体从事某类行业具体业务的技术限制，是市场主体从事特定行业具体业务的基本技术要求，达不到限定的技术要求就不能从事特定行业的具体业务。构成技术条件的核心要件是技术人员和技术等级，具体表现为拥有相应技术等级的人员数量要求，它是开展具体业务的核心保障。

铁路行业社会资本准入技术条件是对设立铁路企业从事具体铁路业务的技术限制，是最基本的技术要求，达不到限定的技术要求就不能从事相关铁路业务。铁路行业社会资本准入技术条件具体表现为对拥有相应技术等级的人员数量要求，达不到限定的技术人员数量就不能设立铁路企业或者不能申请相关铁路业务的经营许可资格。它既是铁路企业经营能力的具体表现，同时也是铁路运输安全和铁路运输服务质量的重要保障，如果没有合理的技术等级人员数量保障，社会资本投资设立的铁路企业从事铁路相关业务将会直接威胁到铁路运输安全和影响铁路运输服务质量。

铁路行业向社会资本开放，对社会资本投资设立的企业申请从事铁路相关业务进行技术准入条件的限制是世界上大多数国家的通行做法，也是其他相关行业的基本要求。如《德国通用铁路法》第 6 条第二款规定，批准申请者从事铁路业务的条件之一就是企业主的申请人和为管理业务选任的人员通晓业务，且能保证实行可靠的企业管理[1]；《欧盟委员会 95/18/EC 指令》第 5 条第一款规定，在开展业务前，铁路企业必须向所在成员国的许可证发放机构证明其在任何时候都能够符合运营专业资质方面的要求。

---

[1]　曹钟雄主编：《国外铁路法律法规选编》，中国铁道出版社 2003 年版，第 202 页。

第 8 条第一款对有关营运专业资质的要求进行了解释，其中重要的要求就是铁路企业负责安全的职员，尤其是司机，在其业务领域内要完全合格，并且铁路企业的职员、机车车辆和组织机构能够保证其提供的运输服务高度安全。①《外商投资铁路办法》第 6 条规定，设立的中外合营铁路货运公司应具有从事经营业务所需要的专业技术和管理人员；《电信条例》第 11 条和第 12 条规定，经营基础电信业务和经营增值电信业务，都应当具有与从事经营活动相适应的专业人员；《民用航空法》第 93 条规定，设立公共航空运输企业，应当具有必需的依法取得执照的航空人员。

四、商业信誉准入条件

商业信誉是企业的一种无形资产，反映了一个企业整体的运营状态②，良好的商业信誉是企业守法经营的标志，是守法经营者长期经营行为的市场认可和社会认可。商业信誉准入条件是对预投资准入某个行业的投资者以前一定时间范围内的重大违法行为的否定性评价，同时也是对投资者长期守法行为的鼓励。如果投资者在限定的时间范围内有严重影响声誉的重大违法行为，将会不符合商业信誉准入条件的要求，进而不能投资某个行业。铁路行业社会资本准入商业信誉条件是对污点较大的投资主体投资铁路行业具体业务领域的限制，它要求投资主体在投资准入之前的一定期限内没有严重影响声誉的违法行为，否则将被拒之门外。铁路行业社会资本准入商业信誉条件的设置是投资主体投资铁路后合法参与铁路市场正当竞争的重要保障，如果投资主体以前有严重影响声誉的违法行为，那

---

①　曹钟雄主编：《国外铁路法律法规选编》，中国铁道出版社 2003 年版，第 172 页。

②　章志远、黄娟：《公用事业特许经营市场准入法律制度研究》，《法治研究》2011 年第 3 期。

么其投资铁路后从事违法行为的可能性就大。鉴于铁路行业的特殊性，应该禁止其投资铁路行业具体业务领域，这对保障铁路运输安全和维护铁路行业的良好竞争秩序皆有重要意义。

国外铁路行业比较重视对商业信誉准入条件的设置，如日本《铁道企业法》第6条规定了铁道企业经营申请人如果在一定期限内有严重影响声誉的违法行为，则运输大臣不予批准该铁道企业设立[①]；《欧盟委员会95/18/EC指令》第5条第一款规定，在开展业务前铁路企业必须向所在成员国的许可证发放机构证明其在任何时候都能够符合信誉良好的要求；第6条解释了信誉良好的要求是指提出申请的铁路企业或管理者从未严重触犯法律，包括商业法；从未宣布过破产；从未严重违反运输业的特定法规；从未严重违反或者屡次不能履行社会或劳动法规定的义务，包括职业安全和健康法规所规定的义务[②]。相比国外发达国家，国内则很少从准入条件设置的角度考虑商业信誉要求，《电信条例》第11条和第12条规定了经营基础电信业务和经营增值电信业务，都应当具有为用户提供长期服务的信誉，但在《电信法意见稿》中被删除。

商业信誉准入条件限制是资格限制，直接剥夺了投资者的准入资格，对投资者有较大的威慑力，可能比其他的惩罚措施更为有效。因此，在铁

---

①　日本《铁道企业法》第6条规定，铁道企业经营申请人如有下列行为之一则运输大臣不予批准该企业设立：（1）被判处一年以上徒刑或监禁，且自取消执行或执行期满之日起不满两年者；（2）被撤销铁道企业经营许可证，且自撤销之日起不满两年者；（3）禁治产者、准禁治产者或破产而未恢复权利者；（4）不具备与成年人相同经营能力之未成年人，且其法人代表属于第三项中情况之一者；（5）虽系法人，但其官员（不论其名称如何，包括具有与此相等以上职权或控制力者）中有属于前述第（1）至第（3）项情形之一者。参见何璧主编：《铁路改革立法规范》，中国铁道出版社1999年版，第6页。

②　曹钟雄主编：《国外铁路法律法规选编》，中国铁道出版社2003年版，第172页。

路行业社会资本准入条件设置中，应该借鉴国外的经验，对投资主体的商业信誉做出限制，既可以提高铁路运输安全的保障程度，又可以促进铁路行业形成良好的竞争秩序。

五、治理水平准入条件

健全的治理机构对一个企业至关重要，它直接关系企业的盈利能力和竞争实力，甚至直接关系到企业的发展和存亡。治理水平准入条件是对投资者投资设立企业的治理结构限制，它要求投资者设立的企业治理结构必须达到准入条件的要求，否则不能设立企业。

铁路行业社会资本准入治理水平条件是对社会资本投资设立的铁路企业治理结构提出的具体要求，要求社会资本设立的铁路企业，其治理结构必须达到准入条件限制的标准，否则铁路企业将不能设立，或者不能取得经营铁路行业具体业务的经营许可。设置铁路行业社会资本准入治理水平条件，可以保证铁路企业的治理结构从开始就是健全的，这为铁路企业成功获取铁路行业具体业务经营许可资格提高了组织保障，同时也为铁路企业以后的健康发展提供了组织条件。因此，应该将治理水平准入条件纳入铁路行业社会资本准入条件的指标体系中。《欧盟委员会95/18/EC指令》第5条第一款规定，在开展业务前铁路企业必须向所在成员国的许可证发放机构证明，其在任何时候都能够符合运营专业资质的要求，第8条解释了营运专业资质的要求，其中重要的方面就是要求提出申请的企业有一个或将要成立一个管理组织机构，且在许可证中规定的营运业务范围内，该机构具备从事安全、可靠的运营管理和监督所必需的知识或经验。以前我们对治理水平准入条件的重要性认识不足，但随着人们对企业治理重要性认识的逐步深入，将健全的治理水平条件作为铁路行业准入的基本条件，将逐步被人们所接受。

　　综上所述，身份准入条件、资本准入条件、技术准入条件、商业信誉准入条件以及治理水平准入条件是衡量是否允许投资主体进入铁路行业的主要指标，但不是全部指标。除此之外，各国根据自己的情况还制定了相应的其他衡量指标。如加拿大运输署颁发铁路建设和经营项目资质合格证书的主要条件是拟定的铁路建设或经营项目有足够的责任保险覆盖范围[1]；日本运输大臣批准铁路企业审查的基本条件中包括经营需求的要求[2]；我国《外商投资铁路办法》第 6 条规定，设立的中外合营铁路货运公司应具有稳定的货源等。这些条件对铁路行业开放社会资本准入都具有一定的积极意义，但相对于以上确立的五种准入条件，这些条件更加属于投资者自己需要判断和履行的行为，没有达到必须强制性要求的程度，因此，不应该属于铁路行业社会资本准入条件强制设置的指标范围。

第三节　铁路行业社会资本准入条件设置的模式选择

　　确立了铁路行业社会资本准入条件的主要指标体系并不代表铁路行业社会资本准入条件制度已经建立。该制度的构建需要在其功能定位的基础上，结合中国实际情况，选择科学的制度设计路径，然后运用确立的主要

---

　　[1]　加拿大 1996 年制定的《加拿大运输法》第 93 条第一款规定，若加拿大运输署认为，拟定的建设或经营项目有足够的责任保险覆盖范围，加拿大运输署应该为该项目颁发资质合格证书。参见曹钟雄主编：《国外铁路法律法规选编》，中国铁道出版社 2003 年版，第 98 页。

　　[2]　日本《铁道企业法》第五条规定了运输大臣批准企业审查的基本条件中第一、第二项即为企业开始经营适合运输需求和企业提供的运输能力不得与运输需求量失衡。参见何璧主编：《铁路改革立法规范》，中国铁道出版社 1999 年版，第 4 页。

指标进行制度设计。

一、铁路行业社会资本准入条件设置的业务环节

筛选完铁路行业社会资本准入条件指标之后，需要解决的问题是明确在哪些环节进行准入条件设置。从铁路行业社会资本准入的投资方式看，主要有：其一，投资设立铁路企业，从事铁路运输等业务；其二，通过购买股票、铁路发展基金等有价证券投资铁路领域；其三，通过租赁铁路行包专列等参与铁路业务经营；其四，投资参与铁路企业重组，包括铁路运输企业、铁路多元化经营企业等。[①] 其中，以购买股票和铁路发展基金等投资方式投资铁路行业的投资者资格限制条件一般由《证券法》或其他相关法律、行政法规以及部门规章规定，只要符合相关条件要求即可进行投资，无须铁路法律进行专门的条件限制；而以购买股份、租赁铁路行包专列等方式投资铁路行业参与铁路经营，选择什么样的投资主体合作应该由相关主体自主决定，只有他们最清楚自己需要什么样的投资主体，只要不违背铁路行业社会资本禁入的要求，以及不是相关法律法规禁止从事营利性经营活动的主体，就应该尊重投资人的意思，由他们自主决定，铁路法律不应该做出强制性的准入条件限制。因此，从铁路行业社会资本准入的业务环节考察，需要铁路法律进行准入条件限制的环节主要是铁路企业设立的准入条件设置。

另外，铁路行业是特殊行业，铁路企业设立后要从事具体的铁路业务必须取得铁路业务经营资格许可，而进行铁路业务资格许可必须有相应的准入条件限制。因此，在铁路行业社会资本准入条件设置的环节上，还需要设置铁路业务经营资格许可准入条件。

---

① 亏道远：《社会资本投资铁路适格主体》，《河北法学》2013 年第 12 期。

综上所述，铁路行业社会资本准入条件制度设计包括两个环节：一是铁路企业设立准入条件环节，另一个是铁路业务经营资格许可准入条件环节。

二、铁路企业设立条件和业务经营资格许可条件分置

确立了需要设置的业务环节为铁路企业设立准入条件和铁路业务经营资格许可准入条件之后，需要解决的问题是如何处理二者之间的关系。目前理论界和实务界对铁路企业设立准入条件和铁路业务经营资格许可准入条件并没有很好地区分，一般的法律规定都只注重一种准入条件的设立，而忽视另一种准入条件的设置。如《德国通用铁路法》《加拿大运输法》《欧盟委员会 95/18/EC 指令》等法令只规定了铁路业务经营资格许可条件，而对铁路企业设立条件则没有另外的规定；而日本《铁道企业法》、我国已废止的《外商投资铁路办法》等只规定了铁路企业设立条件，而对铁路业务经营资格许可条件则没有单独规定。我国交通运输部颁布的《铁路运输企业准入许可办法》只规定了铁路业务经营许可准入条件，没有规定铁路企业设立的准入条件。[①]另外，其他相关行业也有类似规定，如我国《电信条例》只规定了电信业务经营资格许可条件，而我国《民用航空法》则只规定了公共航空运输企业设立条件，都没有对企业设立条件和业务经营资格许可条件分别进行设立。这种做法强调了二者之间的关联性，而忽略了二者之间的独立性。铁路企业设立和铁路业务经营资格许可分别属于不同的行为，二者之间既相互联系又相互独立。

---

① 在原来发布的征求意见稿中题目为《铁路运输企业设立、撤销、变更审批办法》，但其内容只涉及了铁路业务经营资格许可，未规定相应的铁路企业设立等内容，在具体发布相关规定时将题目直接改为《铁路运输企业准入许可办法》。

从关联性视角分析，设立铁路企业是铁路业务经营资格许可的基础；而铁路业务经营资格许可则是铁路企业设立目的的实现途径。如果没有取得业务经营资格许可，则设立后的铁路企业无法从事相关铁路业务，铁路企业设立就没有任何现实意义。

从独立性视角观察，铁路企业设立和铁路业务经营资格许可两种行为的性质、功能皆不同。其一，铁路企业设立行为和铁路业务经营资格许可行为的性质不同。铁路企业设立行为，其结果是作为市场主体的企业产生，其行为性质是主体资格创设行为；而铁路业务经营资格许可行为，其结果是申请主体获得经营具体业务资格，具有了从事某种具体业务的资格，其行为性质是经营能力的赋予行为。其二，铁路企业设立行为和铁路业务经营资格许可行为的功能不同。企业设立条件的功能主要是保证进入铁路行业的投资主体质量，保证投资主体准入机会平等，以及防止铁路企业滥设，保证铁路行业合理的竞争秩序等；而铁路业务经营资格许可条件的主要功能是保证铁路运输安全，以及保证铁路运输服务质量；其三，铁路企业设立条件和铁路业务经营资格许可条件对准入条件的各种指标需求不同。二者不同的性质和功能决定了二者对准入条件的各种指标需求不同。铁路企业设立条件主要侧重于身份条件和资本中的注册资本条件的运用，最低注册资本限额条件的合理运用可以有效地保证进入铁路市场的主体质量，以及防止铁路企业滥设，保证铁路行业合理竞争秩序等功能，而身份条件的运用则可以有效地保证投资主体准入机会公平；铁路业务经营资格许可条件则主要侧重于技术条件、商业信誉条件、治理水平条件以及资本条件中资产规模条件等的运用，这些条件的合理利用可以有效地保证铁路运输安全和保证铁路运输服务质量。

铁路企业设立行为和铁路业务经营资格许可行为的不同性质决定了不同的功能，而不同的功能则决定了铁路企业设立条件和铁路业务经营资格许可条件具有不同的准入条件指标需求。因此，应该分开设置铁路企业设立条件和铁路业务经营资格许可条件，针对不同的指标需求进行不同的准入条件制度设计，进而满足不同的功能需求。

第四节　铁路行业社会资本准入条件建构

一、铁路企业设立准入条件建构

铁路企业经营业务的类型不同，对铁路企业设立准入条件的各种指标需求也不同，因此，应该对铁路企业进行分类，按铁路企业类型进行相关准入条件制度设计。日本《铁道企业法》第 2 条将日本铁路企业分为三种类型：第一种铁路企业既修建铁路线路，又从事铁路旅客或货物运输；第二种铁路企业只从事铁路旅客或货物运输，不从事铁路修建业务；第三种铁路企业只修建铁路线路不从事铁路运输。① 日本铁路企业制度的设置以这三种企业类型为基础而展开，不同的企业类型适用不同的制度。借鉴日本的铁路企业分类方法，结合中国的实际情况，按铁路行业社会资本准入领域制度确立的禁入领域，社会资本投资的具体领域主要是修建和经营铁路支线，并以自己修建的铁路支线为基础从事铁路旅客运输和货物运输业务；单独从事铁路货物运输业务；从事其他铁路业务。按照业务领域划分的基础，将铁路行业社会资本准入的企业分为三种类型：第一种类型是既从事铁路基础设施建设及运营业务，又从事铁路旅客运输和货物运输业务的综合性铁路企业；第二种类型是只从事铁路货物运输的铁路企业；第三种类型是从事铁路其他业务的铁路企业。其中第三种类型的铁路企业与一般企业相比其特殊性并不强，在铁路企业设立准入条件的设置上，只需依

---

① 何璧主编：《铁路改革立法规范》，中国铁道出版社 1999 年版，第 4 页。

据一般企业设立的条件即可，无须通过铁路法律特别设置这种类型企业的设立准入条件。因此，铁路企业设立准入条件设置主要是针对综合性铁路企业和铁路货物运输企业。

（一）综合性铁路企业设立的准入条件

综合性铁路企业设立后需要取得铁路路网经营资格、铁路货物运输资格和铁路旅客运输资格，并从事相关业务。因此，这类铁路企业的设立条件要比其他类型企业的设立条件高。主要表现在：其一，需要更高标准的最低注册资本额。修建铁路需要巨额资金，不仅需要投资主体在投资该类铁路企业时投入大量资金，以保证铁路前期的建设资金需求，而且修建铁路还需要进行多渠道的融资，在企业设立之初，注册资本额是企业偿债能力的主要评价指标，是企业能否成功融资的重要保障。因此，该类企业需要设置比其他企业更高标准的最低注册资本额。其他行业也有类似的规定，如2019年修订的《证券法》第121条，对证券公司的最低注册资本额做出了更高的要求①；其二，需要更高标准的安全性保障条件。铁路企

---

① 《证券法》第120条第一款规定经国务院证券监督管理机构核准，取得经营证券业务许可证，证券公司可以经营下列部分或者全部证券业务：（一）证券经纪；（二）证券投资咨询；（三）与证券交易、证券投资活动有关的财务顾问；（四）证券承销与保荐；（五）证券融资融券；（六）证券做市交易；（七）证券自营；（八）其他证券业务。国务院证券监督管理机构应当自受理前款规定事项申请之日起三个月内，依照法定条件和程序进行审查，作出核准或者不予核准的决定，并通知第121条规定证券公司经营本法第一百二十条第一款第（一）项至第（三）项业务的，注册资本最低限额为人民币五千万元；经营第（四）项至第（八）项业务之一的，注册资本最低限额为人民币一亿元；经营第（四）项至第（八）项业务中两项以上的，注册资本最低限额为人民币五亿元。证券公司的注册资本应当是实缴资本。国务院证券监督管理机构根据审慎监管原则和各项业务的风险程度，可以调整注册资本最低限额，但不得少于前款规定的限额。

业修建铁路后还要以自己修建的铁路线路为基础从事铁路旅客运输业务，而铁路旅客运输最为重要的要求是安全和舒适。因此，这一类型的铁路企业设立时，需要更高标准的技术条件、商业信誉条件和治理水平条件，以保证铁路旅客运输的安全性和运输服务质量。

（二）铁路货物运输企业设立的准入条件

该类企业只从事铁路货物运输业务，相比于综合性铁路企业，对准入条件指标需求相对要低，但铁路货物运输业务仍然是特殊业务，虽然相对于从事铁路建设业务其资金需求要少，相对于铁路旅客运输业务其安全性要低。但相对于一般企业从事一般业务，其资金需求量仍然比较大，安全性要求也较高。因此，设置铁路货物运输企业设立条件仍然需要相对合理的最低资本额要求，以及合理的技术条件、商业信誉条件和治理水平条件。

二、铁路业务经营资格许可准入条件建构

鉴于铁路行业的特殊性，经营铁路业务需要得到相关部门的业务资格许可是世界上大多数国家的通行做法。如《德国通用铁路法》第6条第一款规定，不经批准不允许公共交通运输企业从事铁路运输工作，也不允许公共的铁路基础设施企业经营铁路线路、行车调度和列车控制系统或站台[1]；《加拿大运输法》第90条第一款规定，任何无资质合格证书者不得建设或经营铁路[2]；《欧盟委员会95/18/EC指令》第4条第四款规定，除

[1] 曹钟雄主编：《国外铁路法律法规选编》，中国铁道出版社2003年版，第202页。

[2] 曹钟雄主编：《国外铁路法律法规选编》，中国铁道出版社2003年版，第98页。

非得到提供铁路运输服务的相应许可证，否则任何铁路企业不得提供本指令涵盖的铁路运输服务。① 除这些国家之外，其他铁路市场化经营的国家一般都会以不同的表述在铁路相关法律中对铁路业务经营资格许可做出强制性的规定。

除铁路行业之外，其他特殊行业也基本实行业务经营资格许可制度，如我国《电信条例》第 7 条规定，国家对电信业务经营实行许可制度，经营电信业务，必须取得国务院信息产业主管部门或者省、自治区、直辖市电信管理机构颁发的电信业务经营许可证，未取得电信业务经营许可证，任何组织或者个人不得从事电信业务经营活动；《民用航空法》第 92 条规定，设立公共航空运输企业，应当向国务院民用航空主管部门申请领取经营许可证，未取得经营许可证的，工商行政管理部门不得办理工商登记，即意味着不能经营民用航空业务。我国铁路还未实行市场化运营，在我国的相关铁路法律中，也还未建立起完备的铁路业务经营资格许可制度。虽然交通运输部发布了《铁路运输企业准入许可办法》，但这只是铁路主管部门对自身工作规范做出的要求，所涉及的铁路业务经营资格许可的范围只涉及铁路旅客运输和货物运输两种业务类型②，因此，该办法距离完备的铁路业务经营资格许可制度还有很大差距，我们应该借鉴国外以及其他行业的经验，尽快在我国铁路行业建立起完备的铁路业务经营资格许可制度，尤其是随着铁路行业向社会资本开放的改革逐步深入，尽快建立铁路行业业务经营资格许可制度已经成为铁路法治建设的当务之急。

要建设铁路业务经营资格许可制度，首先就需要确立铁路业务经营资格许可条件，铁路业务经营资格许可条件是建设铁路业务许可制度的前

---

① 曹钟雄主编：《国外铁路法律法规选编》，中国铁道出版社 2003 年版，第172 页。

② 《铁路运输企业准入许可办法》第 3 条规定本办法所称铁路运输许可的范围分别为高速铁路旅客运输、城际铁路旅客运输、普通铁路旅客运输、铁路货物运输。

提，只有确立了明确规范的铁路业务经营资格许可条件，才能保证具体铁路业务经营资格许可工作规范顺利地进行。按铁路行业社会资本准入领域制度确立的禁入领域，涉及铁路行业社会资本准入的业务主要包括铁路建设业务、铁路路网经营业务、铁路旅客运输业务、铁路货物运输业务和铁路其他业务。其中铁路建设业务和铁路其他业务特殊性不强，不需要获取经营许可资格，也就无须设置专门的许可准入条件。因此，铁路行业社会资本准入条件制度中需要设置铁路业务经营资格许可条件的主要是铁路路网经营业务、铁路旅客运输业务以及铁路货物运输业务。但是，这些铁路业务具有不同的性质，需要完成不同的任务，同时对准入条件指标有不同的需求，所以需要按铁路业务类型确立铁路业务经营资格许可条件。电信行业的业务经营资格许可制度就是按业务类型设置的，《电信条例》第10条和第13条分别设立基础电信业务和增值电信业务的许可条件，并且2012年发布的《电信法（草案征求意见稿）》第9条和第11条继续确立了这种制度。但是，《铁路运输企业准入许可办法》只是在第6条中笼统地规定铁路业务经营资格许可条件，并在第7条中对从事高速铁路旅客运输业务、城际铁路旅客运输业务和普通铁路旅客运输业务的企业以及货物运输业务的企业的技术条件做出了不同的要求，同时对担任铁路运输相关业务的负责人和专业技术管理的负责人做出了商业信誉条件的要求[①]，并

---

① 《铁路运输企业准入许可办法》第6条规定申请企业应当具备下列条件：（一）拥有符合规划和国家标准的铁路基础设施的所有权或者使用权；（二）拥有符合国家标准、行业标准以及满足运输规模需要数量的机车车辆的所有权或者使用权；（三）生产作业和管理人员符合铁路运输岗位标准、具备相应从业资格，且其数量满足运输规模需要；（四）具有符合法律法规规定的安全生产管理机构或者安全管理人员，以及安全生产管理制度和应急预案；（五）具有铁路运输相关的组织管理办法、服务质量标准、生产作业规范；（六）法律法规和规章规定的其他条件。第7条规定，拟从事高速铁路旅客运输的申请企业，铁路运输相关业务的负责人应当具有铁路运输管理工作10年以上经历，专业技术管理的负责人应当具有铁路运输本专业工作8年以上经历；拟从

未从不同的业务类型进行科学的铁路业务经营资格许可条件设置。从立法论的视角分析，要建构完善的铁路业务经营资格许可准入条件制度，应该区分不同的业务类型进行制度设计。

（一）铁路路网经营业务资格许可准入条件

经营铁路路网业务主要包括铁路路网维护、铁路运输调度指挥以及铁路车站服务等业务。这些业务都需要精湛的专业技术，在具体经营过程中，出现轻微操作不当等情况皆可能危及铁路运输安全。因此，铁路路网经营业务资格许可需要高标准的技术条件。除技术条件外，治理水平条件、商业信誉条件和资产规模条件也是保障开展铁路路网经营业务的重要条件，在设置铁路路网业务经营资格许可条件时应该予以充分考虑。

（二）铁路旅客运输业务资格许可准入条件

铁路旅客运输业务的核心是确保运输安全、快速和舒适，其主要指标是专业技术、科学管理和责任意识，而能够衡量专业技术、科学管理和责任意识的准入条件主要是技术条件、商业信誉条件和治理水平条件。因此，铁路旅客运输业务资格许可条件设置需要较高的技术条件、商业信誉条件和治理水平条件，而对资本条件的要求相对要弱。《铁路运输企业准入许可办法》第 7 条第一款和第二款中对从事高速铁路旅客运输业务、城

事城际铁路旅客运输和普通铁路旅客运输的申请企业，铁路运输相关业务的负责人应当具有铁路运输管理工作 8 年以上经历，专业技术管理的负责人应当具有铁路运输本专业工作 5 年以上经历；拟从事铁路货物运输的申请企业，铁路运输相关业务的负责人应当具有铁路运输管理工作 5 年以上经历，专业技术管理的负责人应当具有铁路运输本专业工作 3 年以上经历。办理危险货物或者特种货物运输的，相关设备设施应当符合相应货物运输的安全要求，相关生产作业和管理人员应当符合相应岗位标准和岗位培训要求；在最近 2 年内因生产安全事故受到行政处分的，不得担任铁路运输相关业务的负责人和专业技术管理的负责人。

际铁路旅客运输业务和普通铁路旅客运输业务企业的技术条件要求已经有了初步体现，但其仅对负责人的经历做出了要求，并未对其他技术人员的数量和资质等级等技术条件做出具体要求。因此，在《铁路法》修改中，应该从铁路旅客运输业务资格许可技术条件、商业信誉条件和组织机构条件等做出系统的要求规定，以切实保障铁路运输的安全与服务质量。

（三）铁路货物运输业务资格许可准入条件

铁路货物运输业务的核心是运输载重量和运输效率，能够保证运输载重量和运输效率的指标主要是技术条件和治理水平条件，因此，铁路货物运输业务资格许可条件的设置需要较高的技术条件和治理水平条件，对商业信誉条件和资本条件的要求相对要弱。《铁路运输企业准入许可办法》第7条第三款中对从事铁路货物运输业务企业负责人和专业技术管理负责人的经历做出了要求，同时对从事危险货物和特种货物运输业务的许可条件做出了原则性的要求，但未对其他技术人员的数量和资质等级等技术条件做出具体要求，从事危险货物和特种货物运输业务的许可条件也不够全面，更不具体，缺乏可操作性。因此，在《铁路法》修改中，应该从铁路货物运输业务资格许可技术条件和组织机构条件等做出系统的要求，以切实保证铁路货物运输业务资格许可工作的高效顺畅运行。

第四章
铁路行业社会资本准入的程序[*]

　　准入领域制度主要解决哪些业务领域允许社会资本进入的问题，准入条件制度主要解决允许哪些投资主体进入具体业务领域的问题，而准入程序制度则主要解决投资如何进入铁路行业的问题。相对于准入领域和准入条件，准入程序更具体，准入问题的矛盾将汇聚于此，并由准入机关直接面对投资主体。因此，准入程序是否规范和科学，直接决定着投资主体能否顺畅地进入铁路行业，它引领着投资主体对政府开放政策满意度评价的导向，同时，也影响着投资主体的投资信心，进而决定着国家鼓励社会资本投资铁路行业的政策成败。

第一节　铁路行业社会资本准入程序的宗旨

一、保障投资主体的权利

　　保障投资主体的权利是铁路行业社会资本准入程序欲实现的重要目标

---

　　[*]　本章部分内容已发表，参见亢道远：《铁路行业社会资本准入程序》，载王儒靓等主编：《金融法学研究》，法律出版社 2017 年版，第 252—265 页。

之一。准入领域制度和准入条件制度都从不同侧面对投资主体的权利进行保护，但最为直接的保护是铁路行业社会资本准入程序制度，具体体现为以下两个方面。

其一，准入程序制度通过对准入机关权力的严格限制进而有效避免其侵害投资主体的权利。社会资本进入铁路行业的最终目的是获得准入的资格并赚取利润。在此过程中，投资主体遇到的最大困难就是准入机关的"刁难"。如果没有严格规范的准入程序限制，准入机关的具体工作人员可以任意扩大自己的权限，拖延审批期限，甚至对投资主体提出各种苛刻的要求，从中牟取自己的私利。投资主体出于无奈，可能会不断满足准入机关审批人员的要求，甚至会不择手段、投其所好取悦于审批人员，其目的就是通过准入审批，获得准入资格。但是，如果设置了严格规范的准入程序制度，明确界定了准入机关的权力，并严格限定准入许可的期限，科学规范具体准入流程，准入机关具体负责人只能按照规定的权限和程序进行审查许可，否则就要承担相应的法律责任。因此，铁路行业社会资本准入程序制度的设置，可以有效地限制准入机关的权力，最大限度地缩小准入机关任意裁量的空间，从而有效地保障投资主体的权利免遭侵害。

其二，准入程序公开操作的原则可以有效避免准入机关对投资主体权利的侵害。公开是设置铁路行业社会资本准入程序制度的重要原则，没有公开则无所谓正义①，暗箱操作是准入机关侵害投资者权利的主要原因。在没有公开规范的铁路行业社会资本准入程序制度情况下，准入机关可能凭借神秘的准入审批权力，侵害投资者权利，而作为弱势方的投资者，其解决问题的途径却十分有限，一般只能忍气吞声。但是，如果建立了公开规范的准入程序制度，严格要求准入环节的过程公开，这样准入机关实施

---

① ［美］伯尔曼：《法律与宗教》，梁治平译，中国政法大学出版社 2003 年版，第 21 页。

准入的权力受到社会公众的广泛监督，作为弱势方的投资者权利得到了社会公众监督的保护，双方之间的不平等地位得到有效平衡，准入机关也就不敢再任意侵害投资者的权利。因此，通过铁路行业社会资本准入程序制度的设置，投资主体权利可以在较大程度上得到保障。

二、提高社会资本准入效率

提高准入效率是铁路行业社会资本准入追求的重要目标之一，准入领域和准入条件制度可以在一定程度上实现该目标，但能够直接实现提高准入效率目标的主要是准入程序制度，具体体现为以下方面。

其一，准入程序制度可以降低准入成本。一方面，铁路行业社会资本准入程序制度的建立，将准入流程清晰明确地向社会公开，投资主体只需依据相关法律法规规定的程序进行即可，无须额外再花费时间和金钱收集准入程序信息；另一方面，规范明确的准入程序制度严格限制了准入机关的权力，而且要求准入工作公开进行，投资主体只需依据相关法律法规要求进行即可，无须花费过多的人力财力，可以有效地节约准入成本；另外，铁路行业社会资本准入程序制度严格限定了许可的最长期限，投资主体可以节约准入时间，降低时间成本。

其二，准入程序制度可以降低准入机关的工作成本。由于准入程序制度限制了准入机关的权力，规范了准入机关的工作流程，同时也简化了社会资本准入的烦琐程序。如此一来，不仅可以减少准入机关不规范的准入工作支出，避免以职权名义浪费，而且通过科学规范的准入程序设置可以缩短准入期限，减少准入机关的工作量，进而节约准入机关的准入成本。

综上所述，铁路行业社会资本准入程序制度的建构可以有效节约投资主体的准入成本和准入机关的工作成本，缩短准入期限，可以有效提高铁路行业社会资本准入的效率。

三、促进铁路行业健康快速发展

促进铁路行业健康快速发展是铁路行业社会资本准入的最终目标，准入领域和准入条件制度都可以从不同侧面和不同程度促进铁路行业的健康快速发展。但是，在准入程序中，准入机关直接面对投资主体，使准入程序成为准入矛盾的焦点，因此，铁路行业社会资本准入程序制度的合理建构更能直接保障投资主体权利，更能给投资者以信心，也更有利于吸引社会资本，进而促进铁路行业健康快速发展。具体体现为以下方面。

其一，有利于吸引社会资本，促进铁路行业健康快速发展。科学规范的准入程序制度可以有效地保护投资主体的权利，还可以降低投资主体的准入成本和难度，有利于增强投资主体进入铁路行业的信心，吸引更多的投资主体进入铁路行业。大量的投资主体进入铁路行业，一方面扩充了铁路行业建设资金，有利于解决铁路行业建设资金短缺的问题，还有利于建构铁路行业多元化的投资主体结构；另一方面增加了铁路行业的竞争主体数量，有利于铁路行业在一定程度上改善市场竞争结构，促进铁路行业的市场竞争。

其二，有利于建立铁路行业良好的竞争秩序，促进铁路行业健康快速发展。科学规范的铁路行业社会资本准入程序制度将赋予准入机关相应的职权，准入机关可以根据铁路行业的市场竞争状况，通过业务经营资格许可权力合理调节铁路行业的竞争主体数量。在铁路行业竞争不足的情况下，准入机关可以尽可能多地许可符合条件的投资主体从事铁路业务，参与铁路市场竞争；而如果未来铁路行业竞争加剧，市场即将饱和时，准入机关可以通过对铁路业务经营资格许可的控制，合理控制铁路行业的竞争主体数量，避免造成铁路行业过度竞争的状态。因此，铁路行业社会资本准入程序制度可以通过铁路行业竞争主体数量的合理调控建立起合理的竞争秩序，进而促进铁路行业健康快速和可持续的发展。

第二节　铁路行业社会资本准入程序的内容界定

要建构一套科学合理的准入程序，需要在理论上认清准入程序的主要内容，只有清楚准入程序的主要内容包括哪些部分，并对主要内容进行科学合理的组合，才能建构出合理可行的准入程序制度。遵循投资准入的路径，在铁路行业社会资本准入程序制度设计中，需要解决的问题主要有：其一，谁来决定社会资本准入，即确定准入机关及其职权配置问题；其二，如何让社会资本准入，即建立具体的准入程序问题。而这些问题的解决，在铁路行业社会资本准入程序制度建构中都需要以权利（力）与义务的形式表现出来。因此，铁路行业社会资本准入程序的内容应该主要包括投资主体和准入机关的权利与义务。

一、投资主体的权利与义务

在铁路行业社会资本准入申请的过程中，为保障申请行为的顺利进行，从立法论的角度分析，投资主体的准入申请行为程序将会以权利与义务的形式表现出来，一方面，法律需要规定投资主体申请准入享有的程序性权利；另一方面，法律还需要规定投资主体需要履行的程序性义务。

（一）投资主体权利

在投资主体申请准入铁路行业的过程中，作为弱势一方的投资主体，其权利极易受到侵害。因此，铁路法律应当赋予投资主体相应的自救权利，以便投资主体权利受到侵害时能够进行及时自救。主要包括以下方面。

其一，申辩权。如果在具体的申请准入过程中，准入机关或其聘请的专家对投资主体的情况做出不正确的理解或判断时，投资主体有权进行申辩。这是保障投资主体权利免遭侵害的及时自救渠道，它既可以避免准入机关基于不正确的理解或判断而做出错误的准入行为，又可以鼓励投资主体通过自己的努力及时保障自己的权利。因此，应该赋予投资主体申辩权。

其二，申请行政复议权。当准入机关作出不予准入的决定时，对投资主体来说，意味着准入申请失败，需要承担不利的后果。为保证准入行为的正确性，避免准入机关的片面观点导致错误的决策行为，应该在铁路行业社会资本准入程序制度的设计中，赋予投资主体向准入机关的上级主管部门申请行政复议的权利。

（二）投资主体义务

在铁路行业社会资本准入程序制度设计中，为了保障准入工作的顺利进行，应该规定投资主体需要履行的程序性义务，主要包括以下方面。

其一，准备准入申请材料的义务。投资主体的准入申请行为最终都会呈现为纸质的书面材料，对相关准入条件的审查一般也都需要通过纸质材料进行审查。因此，准备准入申请的相关材料是投资主体必须履行的基本义务，尢论在哪种类型的准入行为中都会涉及。

其二，提请具体准入申请的义务。投资主体准备完相关材料之后，需要按规定向准入机关提出具体的准入申请。准入行为的性质决定了准入机关行为的被动性，如果没有投资主体的准入申请，准入机关不可能启动任何准入行为，只有在收到准入申请后，准入机关的准入工作才会启动。因此，投资主体的准入申请行为是启动准入程序的必要条件，是投资主体必须履行的基本义务。

其三，修改或补充准入材料的义务。准入机关对申请材料进行审查后，如果发现申请材料不符合要求，则会要求投资主体修改或补充准入材料，这是保证准入质量和保证准入公平的必然要求，是投资主体必须履行的义务，否则将承担准入不能的后果。

其四，接受现场检查的义务。准入机关在行使准入职权，审查准入材料的过程中，如果发现仅查看材料无法弄清事实真相，需要到现场进行实地查看，投资主体有积极配合准入机关现场检查、协助了解真实情况的义务，这是准入机关正确行使职权的必要保障。

其五，按要求进行答辩的义务。有些复杂的准入行为，单独依靠准入机关的能力难以做出公平准确的准入决定时，准入机关需要聘请相关专家作为评委，并组织现场答辩会，要求投资主体到现场参加答辩。这是准入机关顺利行使准入职权的重要保障，是投资主体必须履行的义务，否则将会视为投资主体自动放弃准入申请，将承担准入不能的后果。

以上五种义务是投资主体申请准入铁路行业的基本义务，除此之外，为保障准入行为的顺利进行，可能会涉及其他相关义务，从立法论的角度分析，一般会以兜底条款的形式规定其他义务。

二、准入机关的职权与义务

（一）准入机关职权

准入机关是直接面对投资主体的国家机关，是准入程序制度的核心，它代表国家决定是否让投资主体准入具体业务领域，其准入权力行使行为直接决定着投资主体能否投资具体业务领域。所以，如果准入机关不明确，则投资主体不知道应该向哪些国家机关申请准入，而相关国家机关则可能会各自扩张自己的权力领域，要求投资主体向其提交准入申请；也可能会相互推让，使投资主体的投资准入申请无法获准，导致投资主体准入困难，投资渠道不畅通，影响准入效率，打击投资主体的信心。并且，如果准入机关过多，则投资主体需要经过层层审批才能投资具体业务领域，这仍然会增加准入难度，进而阻碍准入政策目的的顺利实现。因此，在铁路行业社会资本准入程序制度设计中，应该科学合理地确立准入机关，它对国家成功实施吸引社会资本进入铁路行业的政策至关重要。

确定准入机关之后需要为其配置相应的准入职权。准入职权是准入机关开展准入工作的依据，没有配置准入职权则无法开展准入工作。如果准入职权配置不合理还会影响准入工作的效率和效果。准入权力配置过多则会增加投资主体的负担，造成准入困难；而准入权力配置不足则会削弱准入机关的能力，导致准入工作无法保质保量地完成。因此，在铁路行业社会资本准入程序制度设计中，合理配置准入机关的职权是顺利开展准入工作的重要保障，它是铁路行业社会资本准入程序制度的重要内容。

（二）准入机关义务

为了保障铁路行业社会资本准入机关顺利开展工作，需要赋予准入机关相应的职权，但在具体的铁路行业社会资本准入申请过程中，准入机关和投资主体之间的地位并不平等，准入机关作为国家机关具有决定是否准入的权力，属于强势方，而投资主体则属于弱势方，投资主体的权利很容易受到侵害。为保证准入机关不侵害投资主体的权利，一方面应该赋予投资主体相应的救济权利，但这不足以阻止准入机关侵害投资主体的权利，还需通过科学的准入程序设计，给准入机关设置特殊的程序性义务，防止准入机关任意侵害投资主体的权利。铁路行业社会资本准入机关的程序性义务主要包括：

其一，限期作出准入决定的义务。作出准入决定的期限长短直接关系到准入效率的高低，也直接关系到投资主体的利益。如果准入程序没有期限限制，时间完全由准入机关决定，一方面，准入机关可以通过拖延准入期限，在具体准入过程中刁难投资主体；另一方面，为争取短时间内获得准入资格，投资主体只能通过权力寻租等手段贿赂准入机关负责人，这不仅容易滋生腐败，而且会严重打击投资主体进入铁路行业的信心，从而阻碍吸引社会资本投资铁路行业政策目的之实现。因此，应该在铁路行业社会资本准入程序制度中对准入机关设置限期做出准入决定的程序性义务，要求准入机关最晚必须在多长时间内做出准入决定，否则需要承担相应的法律责任，避免准入机关通过准入期限的任意拖延侵害投资主体的权利。

其二，保证服务质量的义务。准入行为是准入机关向投资主体提供的公共性服务，公共性服务属于无偿服务，提供服务的主体不能向服务对象收取服务费用，因此，这种服务不存在竞争，不能通过竞争保证服务质量，只能通过强制性义务保证服务质量。在铁路行业社会资本准入的过程中，如果没有保证服务质量的强制性义务限制，在没有任何竞争压力的情况下，准入机关没有动力和压力保证改善服务质量，只有在铁路行业社会资本准入程序制度中规定保证服务质量的强制性义务，才能保证准入机关提供的准入服务质量。如目前国家简政放权改革推行的一个窗口服务义务、一次性修改材料义务等，皆属于保证准入机关服务质量的强制性义务。

其三，通知义务。准入决定做出后，准入机关应该将准入决定及时告知申请人。如果作出否定性准入决定，还应当充分说明理由，并告知申请人享有的救济权利，这对保障投资主体的知情权非常重要。但是，如果铁路行业社会资本准入程序制度设计中没有强制性通知义务的设置，准入机关出于自身的便利或其他利益，可能会不及时通知申请人，尤其是做出否定性决定时，这种情况发生的概率可能会更大。因此，应该在铁路行业社会资本准入程序制度设计中规定强制性通知义务，以免投资主体的权利因此遭到侵害。

第三节　铁路行业社会资本准入程序
设计的模式选择

一、准入程序行政管控手段选择

对私人经济行为进行行政干预在诸多场合均有其必要[①]。铁路运输是居民出行和货物运输的基础性交通工具，是国民经济的大动脉，具有规模经济、范围经济和网络经济效益特征，兼具营利性和公益性。铁路行业的健康发展关系着国民经济安全乃至国家安全。因此，在铁路行业通过行政管控限制经济自由具有合理正当性。通过行政管控，一方面可以保障铁路运输安全以及铁路行业导致的国民经济安全乃至国家安全；另一方面可以合理调节竞争主体的数量，积极培育铁路行业合理的竞争秩序，促进铁路行业的健康发展。但是，目的的正当性不能天然证明手段的正当性[②]，目的与手段应有适切的关系，侵越受保护的法益，不能逾于被认可的目的所必要者，即使目的应予肯定，所选择的手段亦不得逾合理的程度[③]。因此，在铁路行业社会资本准入程序中，认识到行政管控目的具有正当性的同时，还应该合理选择行政管控的手段。

在铁路行业社会资本准入程序中可选择的行政管控手段主要有三种：一种是铁路企业设立登记行政管控手段；另一种是铁路业务经营资格许可行政管控手段，还有　种是铁路企业设立审批行政管控手段。首先，

---

① 蔡立东、李晓倩：《行政审批与矿业权转让合同的效力》，《政法论丛》2011年第5期。

② 蔡立东：《行政审批与权利转让合同的效力》，《中国法学》2013年第1期。

③ 〔德〕卡尔·拉伦茨：《法学方法论》，陈爱娥译，商务印书馆2003年版，第282—284页。

登记是投资主体取得市场主体资格的必经程序，投资主体只有通过商事登记机关注册登记，铁路企业才能成立，才能取得市场主体资格。因此，铁路行业社会资本准入程序中必须包括商事登记机关登记的准入程序，即铁路行业社会资本准入程序中必须采用铁路企业设立登记行政管控手段，这不存在理论争议。其次，铁路业务经营资格许可是铁路运输安全的直接保障，也是世界各国在铁路行业社会资本准入程序中普遍采用的主要行政管控手段之一，几乎每个国家都要求铁路企业必须获得铁路业务经营资格许可才能从事铁路相关业务。如《德国通用铁路法》第 6 条第一款规定，不经批准不允许公共交通运输企业从事铁路运输工作，不允许公共的铁路基础设施企业经营铁路线路、行车调度和列车控制系统或站台[1]；《加拿大运输法》第 90 条第一款规定，任何无资质合格证书者不得建设或经营铁路[2]；《欧盟委员会 95/18/EC 指令》第 4 条第四款规定，除非已得到提供铁路运输服务的相应许可证，否则任何铁路企业不得提供本指令涵盖的铁路运输服务[3] 等。铁路业务经营资格许可准入程序对铁路运输安全和铁路行业健康发展都极为重要，因此，在铁路行业社会资本准入程序制度中，采用铁路业务经营资格许可行政管控手段已经是不争的事实，《外商投资铁路办法》和《铁路运输企业准入许可办法》中都已经设置了相关的铁路业务经营资格许可程序制度。

在铁路行业社会资本准入程序制度中，确立了铁路企业设立登记行政管控手段和铁路业务经营资格许可行政管控手段之后，需要论证的是，在

---

① 曹钟雄主编：《国外铁路法律法规选编》，中国铁道出版社 2003 年版，第 202 页。

② 曹钟雄主编：《国外铁路法律法规选编》，中国铁道出版社 2003 年版，第 98 页。

③ 曹钟雄主编：《国外铁路法律法规选编》，中国铁道出版社 2003 年版，第 172 页。

铁路行业社会资本准入程序制度中是否还需要设置铁路企业设立审批的行政管控手段。《公司法》第6条第二款规定，法律、行政法规规定设立公司必须报经批准，应当在公司登记前依法办理批准手续。铁路企业设立是否属于应该办理审批手续的类型，目前《铁路法》和相关行政法规没有明确规定。但是，已经废止的《外商投资铁路办法》第8条规定，申请设立中外合营铁路货运公司申请者需要经过相关部门审批后才能登记设立公司①。国家铁路局于2014年6月11日发布的《铁路运输企业设立、撤销、变更审批办法（征求意见稿）》②中，虽然整个条文中没有一条涉及铁路运输企业设立审批内容，条文内容规定的是铁路业务经营资格许可的相关内容，但从标题的表述推断，铁路运输企业设立需要审批，而且在实践运用中也需要审批③。

在铁路行业社会资本准入程序制度中设置铁路企业设立审批程序是否合理，需要从以下两方面进行判断。

其一，铁路企业设立时的登记行政管控手段和铁路业务经营资格许可

---

① 《外商投资铁路办法》第8条规定，申请设立中外合营铁路货运公司申请者该先向铁道部提出申请，铁道部决定批准的由铁道部转报国家发展计划委员会（发改委）审批立项，经审查符合中外合营铁路货运公司设立要求并批准立项的，再由铁道部将合营合同和章程转报外经贸部审批，并在外经贸部办理《外商投资企业批准证书》。

② 2014年12月8日交通运输部正式发布时已经将名称改为《铁路运输企业准入许可办法》。

③ 2014年2月国家铁路局公布的保留8项行政审批事项包括铁路运输企业设立、撤销、变更审批。参见梁士斌：《国家铁路局公开8项行政审批事项　铁路运输企业设立撤销变更须经审批》，法制网：http://www.legaldaily.com.cn/executive/content/2014-02/18/content_5286201.htm?node=32120，2014年2月18日访；2014年8月13日国家铁路局再次公布实施的行政许可项目6项中将其改为铁路运输企业准入许可，参见《国务院发布取消行政审批项目等事项的决定再取消3项铁路行政审批项目》，国家铁路局网址：http://www.nra.gov.cn/zwzc/xwdt/xwlb/201408/t20140813_7587.htm，2014年8月13日。表述已经发生了改变，但在实践操作中还未变。

行政管控手段是否能够实现铁路行业社会资本准入程序中的行政管控目的。铁路行业社会资本准入程序中行政管控的目的主要包括两方面：一是通过行政管控确保进入铁路行业的投资主体质量，保障铁路运输安全；通过行政管控，控制铁路行业的特殊准入领域，防止因社会资本进入铁路行业特殊领域从而危及国民经济安全乃至国家安全；二是通过行政管控合理调节铁路行业的竞争主体数量，确保铁路行业的合理竞争秩序，进而促进铁路行业的健康发展。

　　铁路企业设立登记行政管控手段和铁路业务经营资格许可行政管控手段是否能实现以上行政管控目的，需要进行深入分析。首先，在铁路行业社会资本准入程序制度中设置铁路企业设立登记准入程序，在核准登记时，登记机关必须审查拟设立的铁路企业是否符合铁路行业社会资本准入条件制度设置的准入条件。只有符合准入条件要求，才允许其登记成为合格的市场主体，不符合准入条件要求的则会被准入机关否定，无法成为合格的市场主体进入铁路行业。所以，通过铁路企业设立时的登记行政管控手段可以实现确保进入铁路市场的主体质量。其次，在铁路行业社会资本准入程序制度中设置铁路业务经营资格许可准入程序，准入许可机关在具体的铁路业务经营资格许可时，将会审查申请者是否符合铁路业务经营资格许可准入条件。如果不符合许可准入条件，将会被准入许可机关否定，从而可以进一步确保经营铁路业务的主体质量，为铁路运输安全提供主体保障。再次，准入许可机关在实施具体准入业务许可时会根据铁路行业社会资本准入领域制度确立的禁入领域，否定社会资本投资设立的铁路企业获取禁止经营具体业务领域的经营资格，从而可以避免社会资本进入铁路行业特殊领域导致的国民经济安全和国家安全风险。最后，在具体铁路业务经营资格许可程序中，准入许可机关还会根据铁路市场的竞争情况合理控制铁路业务经营资格许可的数量，进而控制铁路市场的合理竞争结构。因为真正能够导致铁路市场竞争结构变化的是拥有铁路业务经营资格的铁路企业数量，而不是铁路企业设立的数量，所以通过控制铁路业务经营资格许可的数量更能调节铁路市场的竞争结构。

综上所述，在铁路行业社会资本准入程序中设置铁路企业设立登记准入程序和铁路业务经营资格许可准入程序，可以实现铁路行业社会资本准入程序中的行政管控目的。

其二，在铁路行业社会资本准入程序制度中增设铁路企业设立审批程序是否符合行政法上的比例原则。行政法上的比例原则有三项具体要求：第一，行政机关拟实施行政行为，特别是实施对行政相对人权益不利的行政行为时，只有认定该行为对于达到相应行政目的或目标是必要的、必需的，才能实施；第二，行政机关拟实施行政行为，必须先进行利益衡量，只有通过利益衡量，确认实施该行为可能取得的公益大于可能损害的私益，才能实施；第三，行政机关实施行政行为，必须在多种方案中进行选择，择其成本最小的、收益最大的、对相对人权益损害最小的方案实施①。

首先，在铁路行业社会资本准入程序制度中设置铁路企业设立审批程序，必然会对投资主体的投资自由造成限制，属于对行政相对人不利的行政行为。通过前述的论证可知，铁路企业设立登记准入程序和铁路业务经营资格许可准入程序，可以实现铁路行业社会资本准入程序中的行政管控目的，铁路企业设立审批程序，对于达到行政管控目的并非是必要和必需，因此，它不符合行政法上的比例原则。其次，在铁路行业社会资本准入程序制度中，增设铁路企业设立审批程序，其带来的公益非常有限，但它会对投资主体私益造成较大损害。增设铁路企业设立审批程序，增加了社会资本准入的手续，增加了社会资本准入的难度，同时也增加了权力寻

①　姜明安主编：《行政法与行政诉讼法》（第三版），北京大学出版社、高等教育出版社 2007 年版，第 71 页。

租的可能性，会打击社会资本进入铁路行业的信心，进而会损害铁路行业的健康快速发展。因此，从利益衡量的角度判断，增设铁路企业设立审批程序不符合行政法上的比例原则。最后，在铁路行业社会资本准入程序制度中增设铁路企业设立审批程序，会导致国家管理铁路行业社会资本准入工作的成本增加，同时也会导致投资主体投资铁路的准入成本增加，相对于在铁路行业社会资本准入程序中设置铁路企业设立登记准入程序和铁路业务经营资格许可准入程序的方案，不符合经济学上的效益最大化原则，也不符合行政法上比例原则中的方案选择原则。因此，从行政法上的比例原则进行判断，在铁路行业社会资本准入程序制度中增设铁路企业设立审批程序，不符合行政法上的比例原则，不应该设置。

综上所述，在铁路行业社会资本准入程序中设置铁路企业设立登记准入程序和铁路业务经营资格许可准入程序，即可实现铁路行业社会资本准入程序中的行政管控目的，在铁路行业社会资本准入程序制度中增设铁路企业设立审批程序不符合行政法上的比例原则，无须设置。

二、铁路企业设立登记程序与业务经营资格许可程序分置

在确立了铁路企业设立登记准入程序和铁路业务经营资格许可准入程序作为铁路行业社会资本准入程序中的行政管控手段之后，需要解决如何组合这两类程序的问题。《外商投资铁路办法》第 8 条规定，先取得铁路货运业务许可资格后才能登记中外合营铁路货运公司的前置程序制度。《民用航空法》第 92 条也规定，设立公共航空运输企业，应当向国务院民用航空主管部门申请领取经营许可证，并依法办理工商登记。未取得经营许可证的，工商行政管理部门不得办理工商登记。但是，依据《铁路运输企业准入许可办法》第 2 条的规定，提出铁路运输许可申请的主体是在中华人民共和国境内依法登记注册的企业法人，该办法没有将获得铁路业务经

营许可资格作为设立铁路企业的前置程序。

在铁路行业社会资本准入程序制度设计中，是选择分开设置铁路企业设立登记准入程序与铁路业务经营资格许可准入程序，还是选择将获取铁路业务经营资格作为铁路企业设立登记的前置程序，需要从设置铁路业务经营资格许可准入程序的目的、铁路运输安全生产责任的主体、铁路业务经营许可资格主体、授予铁路业务经营许可资格时许可准入条件审查对象以及铁路业务经营许可资格申请人等方面进行考察。首先，铁路运输安全生产责任的主体是铁路企业，而不是投资主体。因此，铁路业务经营许可资格应该授予铁路企业，而不是投资主体；其次，授予铁路业务经营许可资格时应该审查铁路企业的许可准入条件，而不是投资主体的许可准入条件；最后，铁路业务经营许可资格的申请者应该是铁路企业而不是投资主体。如果将获取铁路业务经营许可资格作为铁路企业设立登记的前置程序，铁路业务经营许可资格的申请者是投资主体，授予铁路业务经营许可资格时审查的是投资主体的许可准入条件，铁路业务经营许可资格是授予投资主体而不是铁路企业，因为在铁路业务经营许可资格授予时，铁路企业还未成立，还不存在。这会导致承担安全生产责任主体与被授予铁路业务经营许可资格主体不符，达不到铁路业务经营许可资格准入程序的行政管控目的。相反，如果分开设置铁路企业设立登记准入程序与铁路经营业务资格许可准入程序。首先由投资主体到登记机关登记设立铁路企业，然后由铁路企业作为申请人申请铁路业务经营许可资格，铁路业务经营许可资格准入机关审查铁路企业的准入许可条件后，认为符合条件的授予铁路企业铁路业务经营许可资格，由铁路企业持有经营许可资格从事铁路业务经营，并由铁路企业负责安全生产责任。以此模式设计准入程序，铁路业务经营许可资格的申请人、准入条件审查对象以及铁路业务经营许可资格授予主体和生产安全责任主体一致，通过铁路业务经营许可资格准入程序可以顺利实现铁路行业社会资本准入程序中行政管控的目的。因此，在铁路行业社会资本准入程序制度建构中，应该选择分开设置铁路企业设立登记准入程序与铁路业务经营资格许可准入程序的模式。

第四节　铁路行业社会资本准入程序的制度建构

投资主体以购买股票、债券以及购买铁路发展基金份额等方式投资铁路行业的，只需依据《证券法》及其他相关法律规定的准入程序投资铁路行业即可，无须铁路法律单独设立准入程序；投资主体以购买股份等方式投资目前已经登记的铁路企业，只要遵循铁路行业社会资本准入领域制度确立的准入领域范围，只要不投资禁入领域，就应该尊重市场主体的意思，由投资者之间通过协议方式自行解决准入程序问题，无须法律做出强制性准入程序要求。因此，在铁路行业社会资本准入程序中，需要深入研究的是铁路企业设立准入程序和铁路业务经营资格许可准入程序。

一、铁路企业设立准入程序制度建构

（一）铁路企业设立的准入机关确定及其职权配置

在铁路行业社会资本准入程序设计的路径选择中确立了铁路企业设立登记准入程序和铁路业务经营资格许可准入程序为行政管控手段，而且论证了铁路业务经营资格许可准入不应该作为铁路企业设立登记准入的前置程序，两类准入程序应该分开设置。因此，铁路企业的设立只需经过登记准入程序即可成为合格的市场主体，无须铁路业务经营资格许可准入机关批准，也无须其他准入机关审批。这就决定了铁路企业设立的准入机关是企业登记机关，并且企业登记机关是铁路企业设立的唯一准入机关，《铁路法》应该赋予企业登记机关为铁路企业设立的准入机关，并赋予核准铁

路企业登记的职权。投资主体只需向企业登记机关提出设立铁路企业的申请，并经企业登记机关审查符合铁路企业设立条件，即可登记成立铁路企业，成为合格的市场主体，无需向其他机关履行任何义务。

（二）铁路企业设立的具体准入程序

铁路企业设立只需履行登记准入程序，无须履行其他准入程序，而且准入机关是企业登记准入机关，所以在铁路企业设立的具体准入程序建构中，需要论证的是重新建构一套铁路企业设立的具体准入程序，还是适用一般企业设立的具体准入程序。这需要分析铁路企业设立相对于一般企业设立是否有特殊要求，如果铁路企业设立有特殊要求，并且其特殊性足以达到需要单独设立具体准入程序的程度，则需要重新建构一套铁路企业设立的具体准入程序；如果铁路企业设立没有特殊要求，或者虽然具有一定的特殊性，但未达到需要重新建构一套铁路企业设立具体准入程序的程度，则无须重新建构一套铁路企业设立具体准入程序，只需适用一般企业设立具体准入程序即可。

在铁路行业社会资本准入条件制度中确立了铁路企业设立的特殊准入条件，所以铁路企业设立的准入条件与一般企业设立的准入条件不同，进而要求铁路企业设立具体准入程序中投资主体需要提交的准入申请材料与一般企业设立准入程序中申请人需要提交的准入申请材料不同。除此之外，投资主体需要承担的其他程序性义务、投资主体享有的程序性权利以及准入机关需要承担的程序性义务与一般企业设立准入程序中的要求并无不同。而单就投资主体需要提交准入申请材料的义务不同，不足以要求重新建构一套铁路企业设立的具体准入程序，只需在铁路法律中规定，投资主体设立铁路企业时需要提交的具体准入申请材料，并要求准入登记机关依据铁路法律的规定审核即可。

因此，铁路企业设立具体准入程序无须重新建构，只需适用一般企业设立具体准入程序，但应该在铁路法律中规定，投资主体需要提交的具体准入申请材料。

二、铁路业务经营资格许可准入程序制度建构

（一）铁路业务经营资格许可准入机关确定及其职权配置

铁路业务经营资格许可准入程序制度设置的目标主要在于确保铁路运输安全、避免铁路行业社会资本准入导致的国民经济安全乃至国家安全威胁，以及合理控制铁路市场竞争主体的数量，进而建构良好的铁路市场竞争秩序。实现这些目标的主要责任主体是国家铁路政府监管部门，因此，铁路业务经营资格许可准入机关应该是铁路监管部门。《铁路运输企业准入许可办法》第2条第一款确立了铁路货物运输和旅客运输业务经营资格许可的主体为国家铁路局。虽然该条第二款规定，涉及地方铁路运营事项的，国家铁路局应当邀请申请企业所在地省、自治区、直辖市人民政府有关部门参与审查，但是，邀请参与审查并非将它们列为准入机关，《铁路运输企业准入许可办法》确立的是单一准入机关制度，符合铁路业务经营资格许可的单一准入机关职权配置需求。因此，在《铁路法》修改时应该将铁路业务经营资格许可的职权配置给国务院铁路行业监管部门，从立法论的层面建构单一准入机关制度。

（二）铁路业务经营资格许可具体准入程序

铁路行业社会资本准入条件制度确立了按不同的铁路业务经营资格许可类型设置准入条件，这是否意味着，也应该按不同的铁路业务经营资格许可类型设置具体准入程序，需要分析各类铁路业务经营资格许可准入程序的差异。如果各类铁路业务经营资格许可准入程序都有特殊要求，而且特殊要求达到了足以单独建立准入程序的程度，则应该分类建立铁路业务

经营资格许可准入程序；相反，如果各类铁路业务经营资格许可准入程序的特殊要求没有达到足以需要单独建立准入程序的程度，则无须分类建立铁路业务经营资格许可准入程序。

铁路行业社会资本准入条件制度中确立了应该分开设置铁路业务经营资格许可准入条件，所以，投资主体设立的铁路企业申请各类铁路业务经营资格许可准入程序中需要提交的准入申请材料不同，即申请人具有不同的提交准入申请材料义务。但是，在各类铁路业务经营资格许可准入程序中，申请人需要承担的其他程序性义务和申请人应该享有的程序性权利，以及铁路业务经营资格许可准入机关需要承担的程序性义务并没有什么不同。而仅就申请人具有不同的提交准入申请材料义务不足以要求必须分类建构铁路业务经营资格许可准入程序，因此，在铁路业务经营资格许可准入程序建构中，除需要分类提出提交准入申请材料的具体要求外，只需建构一套统一的铁路业务经营资格许可准入程序，即可适用于铁路企业申请各种铁路业务经营资格许可准入的要求。

《铁路运输企业准入许可办法》已经设立了铁路货物运输和旅客运输业务经营资格许可的准入程序，但未规定铁路路网经营业务资格许可准入程序。并且，这并非铁路法律确立的铁路业务经营资格许可准入程序制度，只是铁路政府监管部门对自身工作的规范性要求，是铁路监管部门给自己定的准入程序规则。因此，从立法论的角度分析，应该借助铁路法修改的契机，从立法论的层面上建立铁路业务经营资格许可具体准入程序制度。首先，应该分类规定申请人提交铁路业务经营资格许可准入申请材料的业务要求；其次，应该从申请人提请具体准入申请的义务、修改或补充准入材料的义务、接受现场检查的义务和按要求进行答辩的义务，以及申请人享有的申辩权、申请行政复议权，还有铁路业务经营资格许可准入机关的限期做出准入决定义务、保证服务质量义务和通知义务等各个方面做出具体要求，建构科学合理的铁路业务经营资格许可准入程序制度。

在涉及铁路建设的实践审批程序中，所修建铁路的立项还需要国家发改委审批。即在实践中确立了铁路业务经营资格许可的多主体制度。这种多主体制度对应的是铁路业务审批经营的模式，不是铁路业务经营资格许可的模式。铁路业务经营资格许可是一种经营资格的赋予，只证明其有从事某项铁路业务的经营资格，它不是针对哪条具体的铁路修建、运营，也不是在哪条具体的铁路上从事铁路旅客运输服务或是货物运输服务。取得铁路业务经营资格的铁路企业要想在某条具体的铁路上从事其资格范围内的具体业务，则需要以招投标等市场化的方式取得，而不应该是通过铁路业务经营资格许可机构的审批获得。因此，铁路业务经营资格许可的主体应该是唯一准入主体，不应该由多主体参与。鉴于目前中国铁路监督管理体制的设置现状，铁路行业行使行政管理职权的机构主要是国家铁路局，所以应该将铁路业务经营资格许可的权力配置给国家铁路局。

需要说明的是，铁路属于国民经济的大动脉，铁路的修建应该在国家发展规划范围内，包括社会资本投资修建的铁路，也必须符合国家的发展规划。但是，第一，铁路建设业务资格许可准入程序授予铁路企业的是建设铁路的资格，而不是授予铁路企业具体修建哪条铁路的权利；第二，铁路修建的发展规划并不需要每条铁路修建的具体规划审批，可以由国家发展规划部门公布铁路修建的具体目录，在目录范围内以招投标等市场化手段决定由哪些市场主体负责修建具体铁路。李克强总理在十二届全国人大二次会议的政府工作报告中指出，要在铁路等公用事业领域向非国有资本推出一批投资项目，即国家已经向公布铁路建设规划目录的方向努力。

第五章
铁路行业社会资本准入的法律责任

任何一部法律都由"假定""第一性权利和义务规定""第二性权利和义务规定（法律后果）"构成，如果假定的条件存在，人们就应当履行第一性义务，否则，第二性义务即法律责任就会随之出现。[①] 铁路行业社会资本准入的原则、领域、条件和程序属于假定以及第一性权利和义务的内容，而铁路行业社会资本准入法律责任则属于第二性义务的内容。准入法律责任是铁路行业社会资本准入制度的重要组成部分，是准入原则、准入领域、准入条件和准入程序规则得以顺利执行的重要保障。如果没有准入法律责任，违反铁路行业社会资本准入规则的违法行为将难以受到惩罚，投资主体的准入权利遭受侵害也很难得到合法救济，铁路行业社会资本准入规则就成了无宝剑的天平，没有威慑力，意味着法的软弱可欺。[②] 因此，建构铁路行业社会资本准入法律责任制度实属必要，它是铁路行业社会资本准入不可或缺的组成部分。世界各国的准入制度中都有对违反市场准入规则、擅自进入特定市场、破坏市场秩序的主体设定严格的法律责任，施以相应的惩罚，使违法者付出应有的违法成本，警示其他市场主体严格守

---

① 张文显：《法哲学范畴研究》（修订版），中国政法大学出版社 2001 年版，第123 页。

② ［德］鲁道夫·冯·耶林：《为权利而斗争》，胡宝海译，中国法制出版社2004 年版，第 1 页。

法，借此来确保经济和社会的安全。①

第一节　铁路行业社会资本准入法律责任的宗旨

一、惩罚违反准入规则的违法行为

惩罚性是法律责任的主要特征，惩罚违法行为是法律责任的主要功能。铁路行业社会资本准入法律责任制度设置的主要目的之一就是，要对违反铁路行业社会资本准入规则的违法行为进行惩罚，使违法者付出应有的代价，对相关主体产生威慑力，使他们不敢违反铁路行业社会资本准入规则，从而建立起铁路行业社会资本准入制度的威信，保证制度能够顺利实施。

铁路行业社会资本准入法律责任制度的惩罚性主要体现在以下方面。

其一，惩罚投资主体违反准入规则的违法行为。铁路行业社会资本准入领域、准入条件和准入程序制度分别为投资主体设定了特定的义务。准入领域制度要求投资主体不能投资于禁入领域，只能投资于非禁入领域；准入条件制度要求投资主体必须达到设定的准入条件，否则不能投资具体的业务领域；准入程序制度要求投资主体必须按设定的准入规则，认真履行准入的程序性义务，按准入程序要求投资进入具体业务领域。如果投资主体未履行准入领域、准入条件和准入程序等制度为其设定的特定义务，擅自从事违反准入规则的行为，铁路行业社会资本准入法律责任制度就会通过其惩罚性条款的规定，迫使投资主体承担惩罚性义务，从而使投资主体受到应有的惩罚。

---

① 吴弘：《市场准入法律制度的理论基础》，载张守文主编：《经济法研究》第7卷，北京大学出版社 2010 年版，第 359 页。

其二，惩罚铁路行业社会资本准入机关违反准入规则的行为。准入领域、准入条件和准入程序制度分别为铁路行业社会资本准入机关设定了特定义务。准入领域制度要求准入机关在行使职权时不能擅自准许社会资本投资禁入领域；准入条件制度要求准入机关在行使职权时不能准许不符合准入条件的投资主体投资具体业务领域；准入程序制度要求准入机关在行使职权时应该认真履行程序性义务，不得侵害投资主体的权利，不能从事违反准入程序规则的行为。如果准入机关未正确履行铁路行业社会资本准入规则设定的特定义务，擅自准许社会资本投资禁入领域，或是纵容不符合准入条件的投资主体投资具体业务领域，以及不正确履行程序性义务，出现故意刁难投资主体，或是任意侵害投资主体的准入权利等违法行为，准入机关将会受到准入法律责任的惩罚，让违法者付出应有的代价，从而威慑准入机关不敢违法行使准入职权，认真履行准入义务。

二、救济遭受侵害的准入权利

有权利必有救济，当某一法律事实导致权益受到侵害，必将引发一个规范意义上的救济权法律关系，救济权关系乃是造成权益侵害的特定法律事实所引起的法律后果，法律责任其实就是一种依靠强制力来保障救济权关系实现的机制。[①] 铁路行业社会资本准入法律责任的一项重要职能就是对投资主体在投资铁路行业过程中遭受侵害的权利进行救济，通过对被侵害权利的救济实现对投资主体权利的保护。主要表现为：其一，通过对铁路行业社会资本准入机关违法行为的纠正，使其做出正确的准入决定，使投资主体遭受损害的权利获得救济。其二，通过迫使相关主体对遭受准入权利侵害的投资主体进行经济利益赔偿或补偿，从而实现对其权利的救济。

---

① 余军、朱新力：《法律责任概念的形式构造》，《法学研究》2010 年第 4 期。

三、阻却可能发生的违反准入规则行为

传统观点认为，对违法者施以惩罚及对受害者以补偿救济，是实现法律责任的两种基本手段。[①] 但是，除了惩罚和权利救济之外，预防违法行为发生是法律责任的重要功能之一，而且这种功能的重要性愈来愈受到重视。有学者指出，挖掘、强化法律责任的风险预防功能，或许正是现代法律责任制度发展的重要方向。这就需要我们超越传统法律责任制度的局限，改变法律责任就是惩罚与补偿的有限认识。[②] 铁路行业社会资本准入法律责任的惩罚和权利救济功能，一方面，可以实现对违法主体进行惩罚和对遭受权利侵害主体进行救济，从而建立起法律的威慑力和公信力，迫使相关主体不敢从事违反准入规则的行为；另一方面，在实现惩罚和救济功能的同时，也是对相关主体进行教育和指引的过程。它能够从侧面让相关主体认识到，如果从事违反准入规则的违法行为，将会受到准入法律责任的惩罚，该惩罚行为的威慑力促使相关主体不敢从事违反准入规则的违法行为。同时，权利救济行为的公信力可以唤醒权利主体保护权利的意识，主动阻止权利遭受侵害。因此，设置铁路行业社会资本准入法律责任制度可以达到阻却相关主体违反准入规则的目标，实现法律责任的预防性功能。

四、保证准入规则的顺利实施

准入法律责任发挥惩罚违法行为的功能、救济遭受侵害权利的功能以

---

① 刘水林：《经济法责任的二元结构及二重性》，《政法论坛》2005 年第 2 期。
② 李友根：《论产品召回制度的法律责任属性——兼论预防性法律责任的生成》，《法商研究》2011 年第 6 期。

及预防违法行为发生的功能，其最终目的都是为了保证铁路行业社会资本准入能够顺利实施。如果没有铁路行业社会资本准入法律责任制度的设置，相关准入机关从事违反准入规则的违法行为却很难得到应有的惩罚，相关主体准入权利遭受侵害而得不到权利的救济，则铁路行业社会资本准入就会失去公信力，精心设计的准入领域、准入条件和准入程序等制度也只能是摆设，达不到预设的目的。因此，铁路行业社会资本准入法律责任制度的设置，就是为了保证准入制度的顺利实施，进而达到保障铁路行业社会资本准入渠道畅通，能够真正吸引社会资本进入铁路行业，从而促进铁路行业健康快速发展。

第二节　铁路行业社会资本准入法律责任的考量因素

在进行铁路行业社会资本准入法律责任制度设计之前，需要对影响法律责任制度设计的相关因素进行考量。

一、责任主体

责任主体是法律责任的必备要件，是指因违反法律、违约或法律规定的事由而承担法律责任的人，包括自然人、法人和其他社会组织。① 与违法主体不同，法律责任主体要求具备正常的认识能力。只有具备正常的认识能力，其思想和行为之间才有因果联系，才谈得上行为人在违法时有

---

① 张文显主编：《法理学》（第四版），高等教育出版社、北京大学出版社 2011 年版，第 125 页。

故意或过失的心理状态，才应该让他承担法律责任，也才能够通过自己
的行为独立地行使权利和履行义务，能够承担并履行法律责任这种特殊
义务。① 铁路行业社会资本准入法律责任主体主要包括投资主体（包括其
投资设立的铁路企业）和准入机关。投资主体包括自然人、法人和其他社
会组织，其中自然人要求必须具备完全民事行为能力，能够独立承担责
任；其他社会组织主要指依法设立的合伙企业和个人独资企业，虽然它们
不能独立承担责任，但可以通过让它们的投资人承担无限连带责任来实
现，所以它们亦属于能够独立承担责任的主体。准入机关是指代表国家行
使准入权力的国家机关，它们具有法人资格，能够独立承担责任。因此，
在铁路行业，投资主体和准入机关都具有正常的认识能力并且能够独立承
担责任，都是适格责任主体。

二、违法行为

违法行为是产生法律责任的原因和依据，法律责任是违法行为引起的
后果，没有违法行为的发生，就不会也不应该有法律责任的出现。② 铁路
行业社会资本准入法律责任中的违法行为主要是指投资主体和准入机关违
反准入领域、准入条件以及准入程序的规则的违法行为。这些规则为投资
主体和准入机关设定了具体准入义务，并要求它们恰当、完整地履行。如
果投资主体和准入机关没有恰当和完整地履行具体的准入义务，则它们的
行为就属于违法行为，就需要承担准入法律责任。因此，违法行为是法律
责任产生的前提，违法行为的类型直接决定着责任主体承担法律责任的类

---

① 张文显：《法律责任论纲》，《吉林大学社会科学学报》1991 年第 1 期。
② 张文显：《法哲学范畴研究》（修订版），中国政法大学出版社 2001 年版，
第 120—121 页。

型，在法律责任制度中，违法行为占据重要位置，它是法律责任的必备要件。

三、损害结果

损害结果是认定法律责任的重要指标，是违法行为侵害法益的具体表述。损害结果的轻重直接决定着责任主体承担法律责任的轻重。在铁路行业社会资本准入法律责任制度中损害结果的具体表现主要有以下方面。

其一，准入机关违反准入规则致使投资主体准入不能的损害结果，主要包括两个层面：第一层面的损害结果是指，由于准入机关实施了违反准入规则的违法行为而致使投资主体准入不能产生的损害结果，包括铁路企业设立不能和铁路业务经营资格许可不能的损害；第二层面的损害结果是指，由于准入机关实施了违反准入规则的违法行为而致使投资主体准入不能所产生的经济利益损失，包括直接经济利益损失和间接经济利益损失。直接经济利益损失主要是指在准入过程中由于准入机关实施了违反准入规则的违法行为而导致投资主体增加的成本支出；间接经济利益损失主要是指在准入过程中，由于准入机关的违法行为而导致投资主体的准入申请未获批准或未能及时获得批准所遭受的预期经济利益损失。

其二，相关主体实施了违反准入规则的违法行为致使投资主体违法准入的损害结果。具体包括三个方面：一是指由于准入机关实施了违反准入规则的违法行为致使不符合条件的投资主体投资进入铁路市场，从而导致铁路交通安全事故等所造成的人员伤亡和经济损失；二是指由于准入机关实施了违反准入规则的违法行为致使投资主体违规投资进入禁止投资的铁路业务领域，从而造成对国民经济安全和国家安全的威胁和损害；三是指由于相关主体实施了违反准入规则的违法行为致使不符合条件的投资主体投资进入铁路市场，从而对铁路运营的经济秩序造成的损害。

四、因果关系

因果关系是违法行为和损害结果之间的纽带，违法行为是"因"，损害结果是"果"。只有因责任主体的违法行为导致损害结果的产生，责任主体才需要承担法律责任；而非因责任主体的违法行为所导致的损害结果，责任主体不需要承担法律责任。在铁路行业社会资本准入法律责任制度中，因果关系是认定相关主体是否承担法律责任的重要指标。例如，在出现投资主体准入不能的损害结果时，需要分析导致准入不能的原因是否是准入机关的违法行为所致。如果是准入机关的违法行为所致，则准入机关需要承担准入法律责任；如果不是准入机关的违法行为所致，则准入机关不需要承担法律责任。如投资主体的准入不能是因为不符合准入条件或者是不符合准入领域规则要求，则投资主体的准入不能属于准入机关的合法权力行使，不需要承担任何法律责任，准入不能的后果需要由投资主体承担。

五、主观过错

主观过错是指责任主体在实施违法行为时的主观状态，它是衡量责任主体是否承担法律责任以及承担法律责任轻重的重要依据，主要包括故意和过失两类，故意的主观过错比过失大。因此，责任主体因故意的主观过错要比因过失的主观过错承担更重的法律责任。在铁路行业社会资本准入法律责任制度设计中，投资主体和准入机关是否有主观过错或者主观过错的大小，是认定它们是否应该承担准入法律责任以及承担责任轻重的重要依据，不同的主观过错类型直接决定着相关主体承担准入法律责任的大小。因此，应该区分是否有主观过错以及主观过错的类型来设计铁路行业社会资本准入的法律责任制度。如果铁路行业社会资本准入法律责任中的违法主体没有主观过错，则不应该承担准入法律责任或者承担较轻的准入法律责任；如果违法主体具有过失的主观过错，则应该承担较轻的准入法律责任，甚至不承担准入法律责任；如果准入违法主体具有故意的主观过错，则应该承担较重的准入法律责任。

第三节　铁路行业社会资本准入法律责任设计的模式选择

一、按不同责任主体设置准入法律责任

铁路行业社会资本准入法律责任主体主要包括投资主体（包括其投资设立的铁路企业）和铁路行业社会资本准入机关。这两类主体的准入目标不同，可能出现的违法行为、导致的损害结果以及需要承担的法律责任类型都可能不同，主要表现在以下方面。

其一，准入目标不同。在铁路行业社会资本准入过程中，投资主体的目标是通过准入行为顺利地进入铁路行业具体领域。而准入机关的目标是正确行使国家权力，依法审查准入条件，合理准许投资主体进入铁路行业，保障铁路行业社会资本准入渠道畅通，从而实现吸引社会资本进入铁路行业，进而促进铁路行业健康快速发展。但这只是国家为准入机关设定的目标，准入机关是国家机关，而实施具体准入工作的是国家机关的工作人员，基于人的惰性和自利本性，国家机关工作人员的目标往往会与国家为准入机关设定的目标发生冲突。

其二，可能出现的违法行为不同。为了实现准入目标，投资主体可能会出现违反准入规则的行为，他们可能会从事擅自投资禁入领域，擅自设立铁路企业，擅自从事铁路业务经营活动，或者提供虚假准入申请材料骗取准入以及采取贿赂等手段获取准入资格等行为。而准入机关的违法行为主要由其工作人员的违法行为所致，主要表现为违法准许投资主体投资禁

入领域，违法准许不符合准入条件的投资主体准入，不正确履行准入程序性义务，以及在准入过程中受贿等行为。

其三，可能导致的损害结果不同。投资主体的违法行为可能会危及铁路运输安全、国民经济安全乃至国家安全；可能会造成铁路运输对象的人身伤亡或财产损失；可能会侵害铁路市场的竞争秩序，阻碍铁路行业的健康快速发展；还可能会侵害国家建立的铁路行业社会资本准入工作的正常秩序，腐蚀国家工作人员。而准入机关的违法行为侵害的法益虽然也会对铁路运输安全、国民经济安全和国家安全造成威胁，还会对铁路市场的竞争秩序造成侵害，但主要是对投资主体相关利益的侵害，国家机关工作秩序的侵害，以及对国家机关公信力的损害。

其四，承担法律责任的类型不同。投资主体需要承担的法律责任主要包括接受行政处罚等行政责任，赔偿损害对象等民事责任，资格减免等经济法责任，以及行贿罪等刑事责任。而准入机关的具体准入工作由准入机关工作人员负责实施，所以需要承担法律责任的准入机关主要是其具体工作人员，准入机关的具体工作人员需要承担行政处罚等行政责任，以及受贿罪等刑事责任。但在铁路行业社会资本准入的具体准入过程中，准入机关的具体准入决定以准入机关的名义做出，因此，准入机关（即国家机关）也需承担重新做出准入决定以及行政赔偿等法律责任。

综上所述，在铁路行业社会资本准入过程中，投资主体和准入机关的准入目标不同，需要履行的准入义务不同，能够从事的违法行为不同，对法益的侵害程度不同，需要承担的法律责任也不同。因此，需要按不同责任主体设置铁路行业社会资本准入法律责任制度。

二、按不同违法行为设置准入法律责任

在铁路行业社会资本准入过程中，投资主体可能会实施的违法行为主

要有：其一，未经准入机关准许擅自投资准入的违法行为。包括未经法定登记准入程序擅自设立铁路企业的违法行为，未经许可机关的业务经营资格许可擅自经营铁路业务的违法行为，以及未经准许擅自投资禁入领域的违法行为。其二，提供虚假准入申请材料骗取准入的违法行为。包括提供虚假材料骗取设立铁路企业的违法行为，以及提供虚假材料骗取铁路业务经营资格许可的违法行为。其三，其他违法行为，如在准入过程中为实现准入目标而实施贿赂的违法行为等。

而铁路行业社会资本准入机关的违法行为主要有：其一，违法准许投资主体投资禁入领域的行为；其二，违法准许不符合准入条件的主体准入的行为。包括违法准许不符条件的投资主体设立铁路企业的行为，以及违法准许不符合条件的投资主体获得铁路业务经营资格的行为；其三，未正确履行准入程序的违法行为。如未及时准许社会资本准入的违法行为，未按法律规定要求修改准入材料的行为；其四，其他行为，如在准入过程中索要财物的行为，以及收受财物的行为等。

以上这些违法行为，各自的损害结果不同，需要承担的法律责任也不同。因此，在投资主体和准入机关分置的模式之下，还应该按不同违法行为设置铁路行业社会资本准入法律责任制度。

第四节　铁路行业社会资本准入法律责任建构

一、投资主体的法律责任建构

（一）未经准入机关准许擅自投资铁路行业的法律责任

1.未经登记擅自设立铁路企业的法律责任。该类行为违背了商业主体法定原则，属于主观故意行为，其侵害的法益主要是国家机关的登记秩序，以及铁路市场竞争秩序，并且该类行为常常会伴有擅自经营铁路业务的违法行为，还会危及铁路运输安全，甚至酿成重大运输事故造成人员伤亡和财产损失。因此，在该类违法行为中，投资主体需要承担的法律责任主要有擅自设立企业以及擅自经营铁路业务导致的行政处罚责任，导致铁路运输事故的民事赔偿责任，如果情节严重还可能需要承担刑事责任。

2. 未经取得铁路业务经营资格擅自经营铁路业务的法律责任。该类行为主要是经合法登记的铁路企业，在未取得具体的铁路业务经营资格之前，擅自从事铁路业务经营的行为。该类行为发生的概率较大，具体表现为铁路企业设立后，在未取得相关铁路业务经营资格之前擅自经营一种或多种铁路业务，或者已经拥有一种或多种铁路业务经营资格，但还未拥有某种铁路业务经营资格之前擅自经营该种铁路业务。该类行为属于主观故意行为，主要侵害的法益是铁路市场竞争秩序和国家铁路业务经营资格许可秩序。如果在经营具体的铁路业务过程中发生安全事故，还会造成人员伤亡或财产损失，侵害相关对象的健康权、生命权或者财产权。因此，该类行为主要承担的法律责任是擅自经营的行政处罚责任，导致运输事故的民事赔偿责任，如果情节严重还可能需要承担刑事责任。

3. 未经准许擅自投资禁入领域的法律责任。该类违法行为主要是指未经准许擅自投资禁入领域的违法行为，若已经取得准入机关允许则主要属于准入机关责任，而非投资主体责任。铁路行业社会资本准入领域制度确立的禁入领域主要是铁路主干线基础设施运营业务领域和铁路旅客运输业务领域。如果投资主体未经准许擅自投资这两类业务领域，它们侵害的法益主要是安全，包括铁路运输安全、国民经济安全乃至国家安全。如果发生相关事故，还会造成人员伤亡或财产损失，侵害相关主体的健康权、生命权或者财产权。因此，该类行为需要承担的法律责任主要是擅自投资禁入领域的行政处罚责任，导致运输事故的民事赔偿责任，如果情节严重还可能需要承担刑事责任。

（二）提供虚假准入申请材料骗取准入的法律责任

1. 提供虚假准入申请材料骗取设立铁路企业的法律责任。该类行为的主观过错是故意，具体表现为，投资主体达不到设立铁路企业的条件要求，但投资主体为了实现设立铁路企业的目标，通过编制虚假准入申请材料，使其从表面上达到设立铁路企业的条件要求，并向登记准入机关提交虚假编制的准入申请材料。其结果有两种情况：一种是被登记机关识破，未能设立铁路企业。该种情况侵害的法益主要是国家登记准入秩序，未造成其他损害。因此，该类行为需要承担的法律责任主要是行政处罚的法律责任，一般会采取警告、罚款和限期申请设立铁路企业等处罚措施；另一种是未被登记机关识破，成功设立铁路企业。该类违法行为不仅侵害了国家登记准入秩序，而且还可能因从事具体铁路业务而侵害其他法益。因此，该类违法行为除需要承担吊销营业执照和撤销企业市场主体资格等经济法责任以及罚款等行政处罚责任外，还可能需要承担从事具体业务导致的民事或刑事责任。

2. 提供虚假准入申请材料骗取铁路业务经营资格许可的法律责任。该类行为的主观过错是故意，具体表现为，社会资本投资设立的铁路企业，未达到具体铁路业务经营资格准入条件，但铁路企业为实现获取具体铁路业务经营资格的目标，通过编制虚假准入申请材料，使其从表面上达到具体铁路业务经营资格许可准入条件要求，并向准入许可机关提交虚假编制的准入申请材料。该类行为会导致两种结果：一种是被准入许可机关识破，未能获取具体铁路业务经营资格。该种结果损害的法益主要是国家铁路业务经营资格许可秩序，未造成其他损害。因此，该类行为需要承担的法律责任主要是行政处罚的法律责任，一般会采取警告、罚款和限期申请许可等处罚措施。如《铁路运输企业准入许可办法》第 26 条规定，申请企业隐瞒有关情况或者提供虚假材料申请铁路运输许可的，国家铁路局不予受理或者不予许可，并给予警告，申请企业在 1 年内不得再次申请铁路运输许可；另一种结果是未被铁路业务经营资格准入许可机关识破，成功获得一项或多项铁路业务经营资格。这种结果损害的法益不仅包括国家铁路业务经营资格许可秩序，而且获得铁路业务经营资格的铁路企业还会从事相关业务，甚至还可能导致铁路运输安全事故，侵害运输对象的健康权、生命权和财产权。因此，投资主体除需要承担取消铁路业务经营资格或吊销营业执照等经济法责任以及其他行政处罚责任外，还可能需要承担赔偿损害对象的民事责任，情节严重的还可能需要承担刑事责任。

投资主体除了实施未经准入机关准许擅自投资铁路行业的违法行为和提供虚假准入申请材料骗取准入的违法行为外，在铁路行业社会资本准入过程中，还可能会实施诸如为实现准入目标而贿赂准入机关等违法行为，这些行为如果情节轻微，投资主体可能需要承担罚款等行政责任，如果情节严重，则需要承担行贿罪等刑事责任。

二、准入机关的法律责任制度建构

（一）违法准许投资主体投资禁入领域的法律责任

铁路行业社会资本准入领域制度确立的禁入领域关乎铁路运输安全、国民经济安全乃至国家安全。因此，这些领域既不允许投资主体擅自投资准入，同时也不允许准入机关批准投资主体投资准入。如果准入机关违法准许投资主体投资禁入领域，则该类行为侵害的法益主要是国家铁路行业准入秩序，还会危及铁路运输安全、国民经济安全乃至国家安全。同时，准入机关在实施该类准入行为的过程中，具体工作人员还常常会伴有收受贿赂等违法行为，侵害正常的铁路行业社会资本准入秩序。因此，铁路行业社会资本准入机关需要承担撤销准许决定的行政责任，而具体工作人员则需要承担行政处罚等行政责任，以及受贿罪等刑事责任。

（二）违法准许不符合准入条件的投资主体准入的法律责任

违法准许不符合准入条件的投资主体准入的行为主要包括：违法准许不符条件的投资主体设立铁路企业的行为和违法准许不符合条件的铁路企业获得铁路业务经营资格的行为。两类行为的责任主体不同，分别是国家登记准入机关和国家铁路业务经营资格许可机关；而且两类行为侵害的法益也不完全相同，分别为侵害国家登记准入秩序和侵害国家铁路业务经营许可资格秩序。因此，国家登记准入机关需要承担的责任是做出吊销营业执照、撤销铁路企业市场主体资格等经济法责任，其具体工作人员则需要承担行政处罚等行政责任，如果有受贿行为且情节严重者则还需承担受贿罪等刑事责任；而国家铁路业务经营资格许可机关则需要承担做出撤销铁路业务经营资格等经济法责任，其具体工作人员则需要承担行政处罚等行政责任，同样，如果具体工作人员有受贿行为且情节严重可能还需承担受贿罪等刑事责任。

（三）未正确履行准入程序的法律责任

铁路行业社会资本准入机关未正确履行准入程序的违法行为主要包括，未及时准许准入申请的违法行为，以及未按法律规定要求修改准入材料等违法行为。这些违法行为侵害的法益主要是国家铁路行业社会资本准入秩序，如果具体工作人员还有其他索要财物等行为则侵害的法益还包括国家公职人员的廉洁性。因此，在该类违法行为中，铁路行业社会资本准入机关需要承担的法律责任主要是及时纠正违法行为的行政责任，以及具体工作人员需要承担的行政处罚等行政责任。需要指出的是，该类违法行为的主观过错可能是故意，也可能是过失，故意的社会危害性要比过失的社会危害性大，所以故意而为的违法行为要比过失而为的违法行为承担更重的法律责任，在具体的法律责任制度设计中应该给予充分考虑。

第六章
铁路行业社会资本准入的支撑制度[*]

吸引社会资本是铁路行业引入竞争、打破垄断、推行市场化改革的主要途径，但是在铁路行业吸引社会资本实践中却出现了"国家热"而"社会资本冷"的尴尬境地，究其原因，一方面是缺乏规范明晰的准入制度，导致铁路行业社会资本准入不畅；另一方面是铁路行业缺乏合理的市场结构、定价制度以及公益性补贴制度，导致社会资本进入铁路行业后受制于人，无法开展自主经营活动，无法根据自己的努力实现盈利。因此，铁路行业吸引社会资本的改革不仅需要从完善准入制度进行，更为重要的是需要通过铁路行业深化改革，建立可实现有效竞争的主体制度、定价制度和公益性补贴制度。

第一节 主体制度：铁路行业社会资本准入的前提

一、制约社会资本准入的主体因素

有学者指出，铁路行业被称为计划经济的最后堡垒，根源就在于长期

---

* 本章主要内容已发表，参见亓道远：《铁路行业社会资本准入的制度基础》，《经济法学评论》2017 年第 2 期。

施行政资、企事高度合一的管理体制，政企不分、政社不分、公共性与商业性杂糅交织等问题非常突出，其中最根本的制约就是政企不分，也成为铁路改革迟迟难有实质性突破的关键症结。[①]2013年，国家对铁路行业实行的政企分开改革基本理顺了铁路行业中政府与企业的关系，初步建立了能够独立行使监督管理职权的铁路政府监管体制，同时也确立了国家出资铁路企业的市场主体地位，从顶层设计的层面消除了制约铁路行业发展和阻碍铁路行业社会资本准入的体制性因素[②]，为铁路行业深化改革奠定了良好的基础。但是，这仅仅是中国铁路改革的开始[③]，经过政企分开改革后的铁路行业系统仍然封闭垄断，铁路运输市场仍然无法形成公平自由的竞争环境。导致此格局的主要原因是铁路行业中的"中国铁路"仍然是一家独大，拥有绝对垄断地位。它拥有中国绝大多数的铁路线路，拥有最大的铁路运输调度指挥系统，拥有平衡盈利的铁路清算体系。在此格局下，铁路行业社会资本准入后设立的企业，要想开展正常的铁路运输业务，必须借助"中国铁路"的线路展开运输，即意味着必须接受"中国铁路"的调度指挥，以及"杀富济贫"的清算服务。[④] 在此状况下，社会资本准入

---

① 刘宇：《改革开放四十年我国铁路行业的转型质效与深改探索——基于公共管理视角》，《华东经济管理》2018年第12期。

② 铁道部既享有铁路行业的立法权、行业管理权以及政府监督权，又享有铁路国有资产的出资权，既是铁路行业的政府主管部门，又是铁路国有资产出资人。整个铁路行业形成一个超大型的国有企业，铁道部既负责整个铁路行业的行政管理，又按行政化的模式负责整个铁路行业的经营管理。铁路国有企业是铁路主管部门的附属物，缺乏市场主体地位，既是政府又是企业，不符合市场经济的运行规则，也不符合出资人权利设置的法律逻辑。

③ 汤浒、赵坚：《中国铁路运输的生产制度结构及企业组织模式研究》，《北京交通大学学报》（社会科学版）2015年第4期。

④ 中国国家铁路集团有限公司延续铁道部的清算体系，实行收支两条线，货运收入和客票销售收入都需要全额上缴，然后由总公司的清算机构依据确定的系数清算给各个铁路局集团公司，实现铁路系统内部的货运补贴客运，发达地区收入补贴欠

设立的铁路企业根本无法通过公平自由的竞争实现盈利，只有从事单独铁路线路运输的铁路企业才能很好地实现自主经营从而能够实现盈利，而这些线路一般是运输煤炭等大宗货物的货运专线，如朔黄铁路等。而其他社会资本投资设立的铁路企业则只能完全受制于"中国铁路"，其盈利无法通过自身的努力实现。

因此，制约铁路运输市场公平自由竞争的主体因素是"中国铁路"一家独大。铁路行业在这样的主体结构环境中引入社会资本，无法彻底打消投资主体的顾虑，也无法实现大规模吸引社会资本进入的政策目的。只有通过深化铁路行业改革，重组"中国铁路"，从铁路行业内部培育竞争主体，才能建构社会资本准入后能够保障其公平自由竞争从而实现盈利的主体制度。

二、保障社会资本准入的主体制度探索

制约铁路行业社会资本准入的主体因素主要是"中国铁路"一家独大，因此，建构保障社会资本准入市场主体制度的路径主要是重组"中国铁路"。通过重组，从铁路行业内部培育竞争主体，创建能够开展铁路运输市场公平自由竞争的市场主体制度。

（一）重组模式的理论争鸣及选择标准

1.重组模式的理论争鸣。我国国有铁路运输企业如何重组的理论争论已经进行了十多年，在此过程中形成很多理论观点，其中典型的观点主要

发达地区收入的平衡清算。社会资本投资设立的铁路运输企业要参与"中国铁路"的线路运输，也需要接受平衡清算，并且社会资本投资修建的铁路一般等级比较低，按"中国铁路"清算系数确立的清算方式，一般只能清算到较少的收入。

有两种：其一，区域分割模式，这种模式的主要实践者是美国和日本。美国铁路路网主要为铁路货运公司所有，实行区域化分割，允许平行线路竞争，截止到 2007 年，美国共拥有 7 家 I 级铁路货运公司，33 家 II 级铁路公司，523 家 III 级铁路公司，[①] 其中 7 家 I 级铁路公司拥有美国铁路营业里程的 2/3 [②]。日本铁路于 1987 年实施民营化改革时，按地域将国铁划分成 6 家客运公司和 1 家货运公司，实行区域分割模式经营，分别是 JR 东日本、JR 西日本、JR 东海、JR 九州、JR 四国、JR 北海道、JR 货运。支持区域分割模式的学者认为，应该将现有的 18 个铁路局集团公司重组为三大区域铁路公司，即北方、中部和南方铁路公司，并认为这种模式对铁路主要通道分割造成的交易成本最小，有利于提高运输效率，并且企业重组可以塑造出新的法人责任主体，有利于铁路未来的发展，而且铁路重组后的市场结构有利于吸引民间资本投资铁路。[③] 区域分割模式确实有一定的合理性，并且在美国和日本两个国家都得到了实践的检验。但是，美国只有一家铁路客运公司，日本只有一家铁路货运公司，它们的做法很难在中国展开，并且铁路行业通过该种模式重组改革后，只能将目前的绝对垄断改为寡头垄断、地区垄断，既无法实现铁路行业垄断领域和竞争领域的分

---

① 美国地面运输委员会基于收入将货运铁路公司分为三类：按 1991 年价格指数调整后的年营业收入 2.5 亿美元或以上的铁路运输公司为 I 级铁路；年营业收入在 2000 万—2.5 亿美元的铁路运输公司为 II 级铁路（也称地区铁路）；年营业收入 2000 万或低于 2000 万美元的铁路运输公司（也称地方铁路或短线铁路），以及所有从事集疏运/枢纽服务的公司（无论营业收入多少）为 III 级铁路。参见杨晓莉：《美国铁路发展现状及启示》，《综合运输》2010 年第 2 期。

② 张汉斌：《美、日、欧铁路管理体制改革及启示》，《经济体制改革》2014 年第 2 期。

③ 认为民间资本可以投资某些煤运通道建设，购买支线铁路，以及投资建立货车租赁公司三种方式投资铁路。参见赵坚、汤浒等：《我国铁路重组为三大区域铁路公司的设想》，《综合运输》2012 年第 7 期。

离，也无法保持铁路行业应有的规模经济效益，更无法实现铁路行业公平自由的竞争格局和秩序。并且在该种模式下，社会资本投资设立的铁路企业会受制于区域铁路公司，也很难实现吸引社会资本进入铁路行业的政策目的。

其二，网运分离模式。该模式的实践者主要是欧洲各国，首先由瑞典开创，并由欧盟委员会倡导，德、英、法等国积极响应，并采纳了网运分离模式改革。[①] 网运分离模式要求铁路路网运营与铁路运输服务分离，铁路货物运输与铁路旅客运输分离，铁路货物运输公司和铁路旅客运输公司使用路网公司的线路从事运输业务，并支付路网使用费。该模式最大的优势是能够实现铁路运输行业垄断领域与竞争领域的分离，能够实现铁路的统一调度指挥以及保持铁路路网的规模经济效益，同时又能实现铁路运输业务环节的自由竞争。因此，在铁路企业重组的争论中，支持此模式的学者居多。但反对者认为，网运分离模式会导致较高的交易成本，并且铁路线路的使用费率很难确定，而且铁路货运公司和客运公司没有铁路线路这一最核心的要素，根本不能成为独立的市场主体，也无法打破垄断，它是以另一种组织形式继续维持对铁路路网的独家垄断[②]，但是，欧洲各国实行网运分离改革后运行顺畅，并且很多国家铁路经营效益有了明显改善，

---

① 欧盟委员会分别发布了《关于欧洲共同体铁路发展的 91/440/EEC 欧盟理事会指令》（1991）、《关于向铁路企业发放许可证的 95/18/EC 欧盟理事会指令》（1995）、《关于铁路基础设施运能分配及基础设施收费的 95/19/EC》（1995）、《关于 91/440/EC 指令修订的 2001/12/EC 欧洲议会和欧盟理事会指令》（2001）、《对 95/18/EC 指令修订的 2001/13/EC 欧洲议会和欧盟理事会指令》以及《关于铁路基础设施运能分配、使用费收取和安全证书的 2001/14/EC 欧洲议会和欧盟理事会指令》等推动欧洲共同体网运分离模式进行。

② 参见赵坚、汤浒等：《我国铁路重组为三大区域铁路公司的设想》，《综合运输》2012 年第 7 期。

最为明显的是德国铁路股份公司运营效益得到持续明显的改善①。

2.重组模式的选择标准。两种模式各有优缺点，支持者和反对者在争论的过程中都已经充分阐述了理由，但是选择何种模式，或者以何种模式为基础进行重组路径创新，需要确立选择标准。主要为：其一，能否促进铁路行业公平自由竞争秩序的形成。封闭垄断是制约铁路行业快速健康发展的首要问题，"中国铁路"重组的主要目的就是要打破铁路行业内部的封闭垄断，建构铁路运输市场公平自由的竞争秩序，促进铁路行业快速健康发展。因此，在"中国铁路"重组模式的选择中，促进铁路行业公平自由竞争秩序的形成是选择的首要标准；其二，能否保持铁路行业的规模经济效益。随着对铁路行业认识的深入，人们逐渐发现铁路行业并非所有领域都具有规模经济效益，也并非所有领域都需要实施垄断经营。铁路行业需要实施垄断经营并保持规模经济效益的主要是铁路路网运营领域，而铁路运输业务领域则不需要保持垄断经营，也不具有规模经济效益。《中共中央关于全面深化改革若干重大问题的决定》指出，国有资本继续控股经营的自然垄断行业，实行以政企分开、政资分开、特许经营、政府监管为主要内容的改革，根据不同行业特点实行网运分开、放开竞争性业务，推进公共资源配置市场化。李克强总理在《2014年政府工作报告》中指出，要实施铁路投融资体制改革，在更多领域放开竞争性业务，为民间资本提供大显身手的舞台。这说明中央已经充分认识到铁路行业的垄断特征，并

---

① 组织结构的重组给德国铁路带来了新的收入增长，自1994年德国铁路重组以来总收入变化趋势：1994—1999年，总收入由187.2亿欧元增长至237.3亿欧元，增长26.8%，年均增长5.4%；1999—2007年，总收入由237.3亿欧元增长至313亿欧元，增长31.9%，年均增长4.0%；2007—2013年，总收入由313亿欧元增长至391.2亿欧元，增长24.9%，年均增长4.15%。随着德国铁路重组后期运营模式的不断改进，德国铁路总收入依然保持强劲的增长势头。参见谭克虎、邵宁荃：《德国铁路股份公司运营模式研究》，《铁道运输与经济》2015年第5期。

指出了要对不同业务领域分别实行竞争政策。因此，"中国铁路"重组的模式选择应该尊重铁路行业的垄断特征和规模经济特征，对不同领域采取区分对待的竞争政策，既要保持铁路路网的完整性，又要实现可竞争领域的有效竞争。

（二）重组的创新模式

按能否促进铁路行业公平自由竞争秩序的形成以及能否保持铁路行业的规模经济效益标准进行衡量，区域分割重组模式只能形成区域之间的寡头垄断，无法形成铁路运输市场公平自由的竞争秩序，并且区域分割重组模式只能保持一定程度的规模经济效益，无法保持铁路路网的完整性，也无法区分对待垄断业务领域和竞争业务领域。所以，区域分割重组模式不适合"中国铁路"进行重组的路径。相反，网运分离重组模式正好可以促进铁路行业公平自由竞争秩序的形成，也能很好地保持铁路路网的完整性和规模经济效益。至于该模式下路网公司的垄断经营将不可避免地导致竞争不充分和资源配置失当，这些问题则可以通过严格监管来解决，德国铁路改革即采取此种处置模式。[①] 因此，"中国铁路"的重组应该向网运分离模式努力。但必须明确的是，中国与欧洲的国情不同，铁路行业面临的具体问题也不同，所以我国铁路行业的改革不能照搬欧洲的网运分离模式，需要结合中国国情，以网运分离为基础进行路径创新。

---

① 针对路网公司的垄断经营将不可避免地导致竞争不充分和资源配置失当等问题，德国铁路通过改革加强对实际控制路网资源配置权企业的监管，保障铁路运输市场的竞争性和公平性。2006 年 1 月，德国联邦政府成立了一个跨行业的监管机构——联邦电力、燃气、电信、邮政和铁路网络署（简称"联邦网络署"），对德国铁路路网公司的路网资源管理和分配活动进行监督，重点包括是否遵守无歧视使用铁路基础设施的规定，特别是线路分配及服务设施使用的决策、定价等是否遵循无歧视原则。参见方奕：《德国铁路改革现状及对策》，《铁道运输与经济》2017 年第 7 期。

1. 重组路径创新的思路。主要为：

其一，将中国国家铁路集团有限公司改组为铁路国有资本经营公司。《中共中央关于全面深化改革若干重大问题的决定》提出，要完善国有资产管理体制，以管资本为主加强国有资产监管，改革国有资本授权经营体制，组建若干国有资本运营公司，支持有条件的国有企业改组为国有资本投资公司。"中国铁路"重组应该响应《中共中央关于全面深化改革若干重大问题的决定》的精神，按其提出的思路组建铁路国有资本运营公司。而组建铁路国有资本运营公司最便捷的途径就是改组中国国家铁路集团有限公司，将其改组为铁路国有资本运营公司，出资人依然为财政部，但铁路国有资本运营公司的职能较目前发生较大变化。有学者指出，改组后的铁路总公司以管资本为主，作为中央管理的铁路国有资本投资公司，在国家授权范围内履行国有资本出资人职责，以资本为纽带、以产权为基础依法开展国有资本运作。① 铁路国有资本运营公司只从事资本经营，对其持股公司主要行使股权职能，主要包括：第一，选择管理者的权利，包括选择董事会成员和监事会成员；第二，重大决策保留权，包括增资、减资以及合并或解散公司等职权；第三，行使收益权，收取所持股份公司分配的利润。

其二，整合资源组建铁路路网公司。按照网运分离的模式，应该整合18 个铁路局集团公司的铁路路网管理资源，组建由铁路国有资本运营公司完全持股的铁路路网公司。铁路路网公司不以营利为目的，属于特殊目的的公共性企业法人，其职责是公平公正地向所有铁路旅客运输服务公司和铁路货物运输服务公司提供路网服务，包括车站服务，调度指挥服务等与路网密切相关的服务，并收取铁路路网使用费。在欧洲铁路国有化程度最高并且最受欢迎的法国，铁路路网公司的性质即为具有工商性质的国家

---

① 黄民：《关于新时代铁路发展改革的若干思考》，《铁道学报》2019 年第 6 期。

公共管理机构，按公共事业的原则运营，在实践运营中收到了较好的运营效果。①

其三，整合资源组建若干铁路旅客运输公司。按照网运分离的模式，应该整合 18 个铁路局集团公司的铁路旅客运输服务资源，组建若干个完全由铁路国有资本运营公司持股的铁路旅客运输公司。它们属于营利性企业法人，实行市场化运作，但强调铁路旅客运输的公益性特征，以确保铁路旅客运输安全和服务质量。

其四，整合资源组建若干铁路货运公司。按照网运分离的模式，应该整合 18 个铁路局集团公司的铁路货物运输服务资源组建若干个由铁路国有资本运营公司完全持股或者控股、参股的铁路货物运输公司。铁路货物运输公司属于营利性法人，完全采用市场化经营，与其他铁路货物运输公司展开公平自由竞争。

2. 重组创新模式的优势主要体现为以下方面。

其一，充分尊重铁路运输规律，区分了铁路行业垄断与竞争环节，有利于促进铁路行业公平自由竞争秩序的形成。该种重组模式在铁路国有资本运营公司的总体协调下，分离了需要保持规模经济效益并实行垄断经营的铁路路网经营业务与能够开展竞争的铁路货物运输业务以及铁路旅客运输业务，同时又充分尊重了铁路货物运输的营利性与铁路旅客运输服务的公益性特征，并从铁路国有资本运营公司的持股上进行区别对待，较好地

---

① 1997 年 2 月 13 日的法兰西共和国政府公报第 97—135 号《改革铁路运输业、成立"法兰西铁路网公司"公共机构的政令》第 1 条第一款规定，法国铁路网公司作为具有工商性质的国家公共管理机构，其目标是依照公共事业的原则，为促进法国铁路运输业持续发展，对国家铁路网基础设施进行整治、开发、协调与经营。该条第三款规定，考虑到公用事业安全性和连续性的要求，法国国营铁路公司负责国家铁路网的运输、运营管理，以及该网技术与安全设施的运作和维修。参见曹钟雄主编：《国外铁路法律法规选编》，中国铁道出版社 2003 年版，第 282 页。

处理了铁路行业竞争与垄断之间的关系，以及营利性与公益性之间的关系。

其二，实现了铁路统一调度指挥的相对独立性，为确立公平公正的调度指挥服务体系提供了制度性保障。该种创新模式将铁路调度指挥系统划归到铁路路网公司，可以实现铁路运输的统一调度指挥，进行总体上的车流调度。同时，在该种重组模式下，铁路调度指挥系统相对于所有铁路货物运输公司和铁路旅客运输公司都是相对独立的，这为铁路路网调度指挥系统公平公正的服务提供了制度上的保障。

其三，优化了铁路清算服务系统。在该种重组创新模式下，铁路货物运输公司的收入和铁路旅客运输公司的收入应该全额划归经营主体，铁路货物运输公司和铁路旅客运输公司只需按规定的价格向铁路路网公司支付铁路路网使用费即可。在该种模式下，铁路系统内的清算服务变得更为简便，并且更符合市场主体自主经营的理念。

综上所述，在该重组模式下，需要保持规模经济效益的铁路路网系统实现垄断经营，而能够开展竞争的铁路货物运输服务和铁路旅客运输服务则实行市场化运营，倡导公平自由竞争。并且此种重组模式较好地保持了统一调度指挥服务，相对独立地向所有铁路货物运输公司和铁路旅客运输公司提供调度指挥服务。同时还优化了铁路清算服务，使市场主体更能自主经营从事铁路业务。因此，该重组路径可以为铁路运输市场提供公平自由竞争的主体制度，有利于社会资本准入设立的铁路企业公平自由地参与铁路运输服务业务竞争，实现盈利。

第二节　定价制度：铁路行业社会资本准入的核心

营利是社会资本投资铁路行业的直接驱动力，而享有充分的自主经营权是其实现盈利的前提性保障。社会资本投资主体的主要顾虑之一就是投资后能否享有充分的自主经营权,进而开展正常的铁路运输业务。市场机制中最重要的就是价格机制,价格作为市场经济中最为灵敏的信号,对资源配置的导向作用明显[1],价格机制是市场机制的核心要素,充分享有自主定价权是市场主体自主经营权的核心保障。因此,探寻合理的定价权制度,充分保证铁路运输市场主体的自主定价权是吸引社会资本投资铁路行业的核心要素。

一、阻碍社会资本准入的价格因素

铁路在社会和经济中的巨大作用不仅体现于运输活动本身,也体现在其特定的运价体制上。[2] 由于其特殊的地位和作用,铁路运价不仅是国家对铁路运输市场进行管控的重要手段,也是国家保障民生和保障经济社会发展的管控手段。各国在铁路发展过程中都对铁路定价权进行了不同程度地管控,并随着对铁路运输性质的认识深入不断调整对铁路运价的管控政策。美国通过《管制商务法》《爱尔金斯法》《赫伯恩法》以及《曼-埃尔金斯法》等法律,确立了严格的铁路运价管制制度。在 20 世纪 70 年代以前,美国所有铁路必须遵循 ICC 的规定制定运价本并按本执行,降价也不允许,如果铁路公司要求调价,要事先向 ICC 申请,并通知客户,如客户有不同意见,ICC 进行调查取证,考虑双方意见决定。[3] 直到 1980 年国会通过了《斯塔格斯铁路法》,才放松了铁路运价管制,明确了市场竞争是铁路经营与价格管理最有效的调节手段,并允许铁路可以与货主

---

①　王波等:《关于现行铁路货运价格机制分析和改革探讨》,《价格理论与实践》2015 年第 2 期。

②　欧国立:《中国铁路运价体制和运价政策的变迁》,《综合运输》2006 年第 4 期。

③　铁路运价考察团:《美国铁路运价考察》,《中国铁路》2001 年第 3 期。

协商定价，甚至可以秘密定价。同样，日本在 1987 年实施民营化改革之前，运价调整需要由运输省上报国会批准，1987 年实施民营化改革之后，运价调整改为只需经运输省大臣批准即可。从 1997 年起，运输大臣只需根据综合成本方式的原则，对运费的上限进行认可，在上限范围内的，经营者通过申请，可以自行设定、变更。[①] 其他铁路发达国家也基本经历了对铁路运价从严格管控到不断放松的过程。从世界主要发达国家的经验来看，放松政府对铁路行业的管制，提升铁路运价的市场化水平，是各国铁路行业改革的共同做法和经验。[②]

　　与其他铁路发达国家不同，我国《铁路法》第 25 条确立了严格的铁路运价管控准则[③]，重点强调铁路运输的公益性、低运价和严格管控。这种价格制度在计划经济体制下发挥了重要作用，但随着改革开放的不断深入，以此制度运行的价格制度在实践中带来了诸多问题。有学者指出，长期的低运价政策使铁路行业不堪重负，拉大了铁路与其他运输方式的运价差距，也切断了铁路运价与社会商品价格的联动，导致了这种运价体制的

---

　　① 　陈志广：《日、英两国铁路事业民营化改革及其启示》，《国家行政学院学报》2012 年第 5 期。

　　② 　尹少成：《铁路运价市场化改革及其政府监管研究》，《价格理论与实践》2015 年第 11 期。

　　③ 　《铁路法》第 25 条规定：国家铁路的旅客票价率和货物、包裹、行李的运价率由国务院铁路主管部门拟订，报国务院批准。国家铁路的旅客、货物运输杂费的收费项目和收费标准由国务院铁路主管部门规定。国家铁路的特定运营线的运价率、特定货物的运价率和临时运营线的运价率，由国务院铁路主管部门商得国务院物价主管部门同意后规定。地方铁路的旅客票价率、货物运价率和旅客、货物运输杂费的收费项目和收费标准，由省、自治区、直辖市人民政府物价主管部门会同国务院铁路主管部门授权的机构规定。兼办公共旅客、货物运输营业的专用铁路的旅客票价率、货物运价率和旅客、货物运输杂费的收费项目和收费标准，以及铁路专用线共用的收费标准，由省、自治区、直辖市人民政府物价主管部门规定。

低效和不均衡，进而导致铁路运输的低效和后劲不足。① 还有学者认为，运价权的丧失削弱了铁路整体的盈利能力，是造成目前私有资本难以看好铁路发展前景而不愿进入铁路建设融资领域的一个主要因素。②

　　1982 年以来，我国开始逐步放松对铁路运价的管控，并且经历了几次涨价。2015 年 4 月 24 日，国家对《铁路法》第 25 条进行了修改，对原来严格管控的票价制度进行了一定程度的松绑，引入政府指导价、政府定价、市场调节和企业定价概念，但哪些领域应该由市场调节，哪些领域需要进行更为合理的政府管控，仍未找到清晰的途径③。因此，应该结合中国实际情况，重新探索保障铁路运输市场主体自主经营的定价权制度。

二、保障社会资本准入的定价制度探索

　　铁路运输企业的定价模式主要有政府定价模式、最高限价模式和市场定价模式。政府定价模式主要指政府对铁路运输企业的定价实行严格监管，要求铁路运输企业制定价格、变更价格必须经过相关政府部门审批才

---

① 欧国立：《中国铁路运价体制和运价政策的变迁》，《综合运输》2006 年第 4 期。

② 周新军：《铁路产业投资基金：控股权收益权与制度补偿》，《经济理论与经济管理》2012 年第 11 期。

③ 修改后的《铁路法》第 25 条规定：铁路的旅客票价率和货物、行李的运价率实行政府指导价或者政府定价，竞争性领域实行市场调节价。政府指导价、政府定价的定价权限和具体适用范围以中央政府和地方政府的定价目录为依据。铁路旅客、货物运输杂费的收费项目和收费标准，以及铁路包裹运价率由铁路运输企业自主制定。地方铁路的旅客票价率、货物运价率和旅客、货物运输杂费的收费项目和收费标准，由省、自治区、直辖市人民政府物价主管部门会同国务院铁路主管部门授权的机构规定。兼办公共旅客、货物运输营业的专用铁路的旅客票价率、货物运价率和旅客、货物运输杂费的收费项目和收费标准，以及铁路专用线共用的收费标准，由省、自治区、直辖市人民政府物价主管部门规定。

能实施，否则要承担相应的法律责任。各国在铁路发展进入一定阶段后基本都采用过该种定价模式。最高限价模式主要指政府对铁路运输企业的运价做出最高限额的限制，但在限额范围内允许铁路运输企业自主定价。日本在 1987 年民营化改革时采用了此种定价模式，虽然 1997 年将最高限价审批改为认可，但基本还是该种模式的延续，并没有实质性的改变；市场定价模式是指政府对铁路运价不进行严格的审批和限制，允许铁路运输企业根据市场竞争情况自主定价，政府只对铁路运输企业的定价行为进行监管。美国目前主要采取该种模式。

我国铁路定价制度的改革已经启动，但现有的法律规定还过于笼统，缺乏可操作性，还未找到适合我国国情的铁路定价制度。我国国情与西方发达国家不同，铁路在我国经济社会发展中具有极其重要的地位和作用，尤其在中长途运输领域，铁路是居民出行和货物运输的基础性交通工具。因此，我们既不能完全实施政府严格管控，也不能选择完全市场化的定价模式，如何让铁路运输企业享有合理的定价权，需要从选择标准和模式判断两方面进行研究。

（一）选择定价模式的标准

1. 垄断性标准。为了满足铁路行业规模经济效益和统一调度指挥的需要，应该赋予铁路行业一些具体业务领域垄断权。但是，一旦赋予了这些领域垄断权，对这些领域就应该实行严格监管，尤其是铁路运价的监管。英国铁路管制小公室（Office of the Rail Regulator，ORR）负责发放路网运营许可证，评估批准并监管线路使用费。[①] 如果赋予垄断领域自主定价权，垄断领域的铁路企业很可能会通过滥用市场支配地位侵害服务对象等

---

① 陈娅娜：《英国铁路公益性运输补贴政策的分析与启示》，《铁道运输与经济》2013 年第 12 期。

其他市场主体的权利,影响铁路行业的健康发展。因此,对于垄断性较强的铁路业务领域,在铁路定价模式的选择上,应该选择政府定价模式或最高限价模式。

2.公益性标准。公益性是铁路运输的主要特征,在深化铁路改革过程中,我们在不断强调铁路运输营利性特征的同时,仍然需要关注铁路运输的公益性。铁路运输的公益性是保障国民经济稳定发展和社会和谐稳定的重要因素。因此,对于铁路行业公益性较强的业务领域,不应该进行彻底的市场化改革,尤其是铁路企业的定价权,不能完全采用市场定价,应该对其有所限制,相对合理地选择政府定价模式或最高限价模式,以保障铁路运输服务对象公益性利益的享受。

3.竞争性标准。有学者指出,铁路业定价机制改革,需要以自由公平的竞争观为基础,树立健康的可持续的经济发展价值观。[1] 打破垄断,引入竞争是未来铁路行业改革的主要方向,竞争性也会成为未来铁路运输的主要特征。在未来深化铁路行业改革的过程中,将对一些公益性不强和对国民经济安全以及国家安全影响不大的铁路行业具体业务领域引入竞争,以进一步促进铁路行业的快速发展。因此,对于竞争性较强的铁路业务领域,在铁路定价模式的选择上可以选择市场化定价模式,使该类业务领域的铁路企业通过市场化竞争实现自己的营利目的。

(二)具体领域定价模式的判断

1.铁路路网运营业务领域定价模式。保障铁路运输市场公平自由竞争的主体制度,确立了铁路路网运营领域应该由国有独资的铁路路网公司经营,赋予了铁路路网公司的垄断地位,并且将铁路路网公司界定为不以营

---

[1] 陈兵:《改革开放以来铁路业定价机制的嬗变与展望》,《兰州学刊》2019年第1期。

利为目的的特殊企业，突出铁路路网运营业务的公益性特征。因此，铁路路网运营业务领域具有极强的垄断性和公益性特征，在定价模式上，应该选择政府定价。采用政府定价模式，一方面可以通过定价权的限制对具有绝对垄断地位的铁路路网公司进行严格监管，避免铁路路网公司通过调整运价侵害其服务对象的权利；另一方面，对铁路路网运营实行政府定价，可以降低铁路运输公司与铁路路网公司之间的交易成本，从而提高铁路运输效率。

2. 铁路旅客运输业务领域定价模式。在我国，铁路旅客运输是居民顺畅出行的重要保障，尤其是中低收入居民中长途出行的基础性交通工具。因此，我国铁路旅客运输具有极强的公益性特征。但是，具有公益性并不代表否定市场化竞争运营，所以铁路旅客运输业务也具有竞争性。保障铁路运输市场公平自由竞争的主体制度，确立了铁路旅客运输应该由几家国有独资铁路公司运营，体现了铁路旅客运输业务的竞争性特征。基于铁路旅客运输业务领域具有公益性和竞争性特征，因此，在铁路旅客运输业务领域的定价模式中，应该选择最高限额定价模式，采用最高限额定价，既便于铁路旅客运输业务的竞争性经营，又可以保障铁路旅客运输不丧失公益性。

3. 铁路货物运输业务领域的定价模式。铁路货物运输是铁路业务中盈利性最强的业务领域，具有很好的盈利空间，具有极强的竞争性，各国在铁路改革过程中基本都开放了铁路货物运输的市场定价权。并且，铁路货物运输的公益性特征一般不强，有一部分公益性较强的特殊铁路货物运输完全可以通过公益性补贴实现。因此，在铁路货物运输定价模式上，原则上应该选择市场化定价模式。采用市场化定价模式，可以充分挖掘铁路货物运输盈利的空间，从而吸引大量的社会资本，促进铁路行业的健康快速发展。只有在极为特殊的线路，如在该条线路上只有一家铁路公司从事货物运输，而且没有公路和水路运输能与之竞争的绝对垄断情况下，才应该使用最高限额定价模式，以防止因铁路货物运输的绝对垄断而影响当地经济社会的发展。

综上所述，在建构保障社会资本准入的定价制度路径选择上，应该区分不同业务领域，衡量它们各自的垄断性、公益性以及竞争性特征，从而选择合理的定价模式。

第三节　公益性补贴制度：铁路行业
社会资本准入的保障

一、阻碍社会资本准入的公益性因素

公益性运输是社会各相关主体对铁路运输企业的社会性普遍服务要求，是运输企业服务业务中取得了社会效益但其成本没有得到完全补偿的部分。[①] 铁路运输在国民经济生活中担当着特殊的角色，一方面，铁路带有经营性特点，另一方面，铁路具备巨大的公益性。[②] 兼具营利性和公益性是铁路运输行业的重要特征，目前推行的铁路运输行业改革主要强调铁路运输的营利性，其目的是通过深化铁路运输行业改革，理顺铁路运输行业政府和市场的关系，充分发挥市场在铁路运输行业资源配置中的决定性作用，从而提高铁路运输企业的营利能力和竞争能力。这样的改革方向非常正确，既符合铁路运输行业发展的时代需求，也符合世界铁路运输行业发展的趋势。但是，在强调铁路运输行业营利性改革的同时，也不能忽略

[①]　林晓言等：《铁路公益性运输服务补贴机制研究》，《铁道经济研究》2015 年第 2 期。

[②]　张银雁、佟琼：《基于博弈视角的我国铁路公益性运输补贴机制研究》，《管理评论》2018 年第 4 期。

铁路运输行业的公益性特征，更不能降低铁路运输服务的公益性程度。如果在深化铁路运输行业改革的过程中降低了铁路运输服务的公益性，不仅会使广大居民无法享受到铁路运输行业改革带来的发展成果，而且还会因铁路运输行业改革增加广大居民的出行成本和其他行业市场主体的运输成本，从而导致对铁路运输行业改革的质疑，甚至是强烈反对，影响铁路运输行业继续推进改革的进程。相反，如果在深化铁路运输行业改革的过程中重视铁路运输行业的公益性，在突出铁路运输营利性特征的同时不至于使铁路运输的公益性降低，则会受到社会公众的支持，有助于铁路运输行业改革的顺利推进。法国政府在推行法国铁路运输行业改革的同时，始终将铁路运输行业作为公益性基础设施看待并据此实施管理，国家财政给予大力支持。一份欧洲民调结果显示，在德国、法国、意大利、西班牙四国的铁路运输中，法国铁路受法国人的喜爱程度最高，只有41%受访的德国人表示"对德国铁路有好印象"，而对法国铁路有好感的法国人则占66%，并且有59%的法国人为法国铁路"感到自豪"，53%的法国人还称对其"很有感情"。[1]

　　由此可见，在强调铁路运输行业营利性改革的同时，应该兼顾铁路运输的公益性，从立法论的角度分析，应该在立法中规定铁路运输企业有提供公益性运输服务的强制性义务，使其不会因推行铁路运输行业的市场化改革而降低公益性运输服务的质量和程度。这也是世界上铁路发达国家的普遍做法，如《欧盟委员会91/440/EEC指令》第5条第一款规定，铁路企业应当按照商业化原则来运作，铁路企业应同时承担国家强加的公共服务义务以及与成员国主管当局签订的公共服务合同。[2]《德国铁路通用法》

---

　　① 易网专题：《法国国企：左手挣钱，右手服务》，2010年12月10日，见 http://news.163.com/10/1210/02/6NGQBVC200012Q9L.html。

　　② 曹钟雄主编：《国外铁路法律法规选编》，中国铁道出版社2003年版，第168页。

第 15 条第一款认可了欧盟委员会规定铁路运输企业应该提供公益性运输服务强制性义务的精神①。美国联邦法典第 49 篇运输篇的旅客运输部分第 24307 条特种运输（a）规定，美国铁路公司 Amtrak 应为年龄超过 65 岁的人，在身体或心理上受过伤害并影响到其主要生命行为的人，有受害记录的人，或被认为受过伤害的人实施降价运输②，并通过财政补贴的形式向 Amtrak 提供亏损性补贴。英国为避免铁路公司私有化导致盲目追求利益，采取给铁路公司补贴的方式，要求其承担社会公益责任，明显无法获利、但具有公益性的项目，政府都会进行补贴③。日本则采用直接资金补偿和通过民营化改革时设立的经营稳定基金来进行铁路公益性运输补偿。对于直接资金补偿，政府每年向日本国家铁路公司提供的运营补偿逐年增加，目前基本稳定在每年 20 亿日元左右。经营稳定基金，主要针对客流较少、经营较困难的 3 家离岛公司进行补偿④。其他铁路发达国家也不同程度地规定了铁路企业提供公益性运输服务的强制性义务。

相对于欧美发达国家，我国铁路运输的公益性特征更为明显，其在社会经济发展中的地位更为重要。因此，通过立法规定铁路运输企业的公益性运输服务强制性义务实属必要。但是，要求铁路运输企业提供必要的公益性运输服务并不代表必须让铁路运输企业承担公益性运输服务的成本。公益性运输服务的受益者是社会公众，而为社会公众提供公益性运输服务的责任主体是政府，因此，公益性服务的成本应该由政府承担。目前国有

---

① 曹钟雄主编：《国外铁路法律法规选编》，中国铁道出版社 2003 年版，第 206 页。

② 曹钟雄主编：《国外铁路法律法规选编》，中国铁道出版社 2003 年版，第 82 页。

③ 陈娅娜：《英国铁路公益性运输补贴政策的分析与启示》，《铁道运输与经济》2013 年第 12 期。

④ 宋佳益、张真继：《国外铁路公益性运输的政策启示》，《价格理论与实践》2015 年第 3 期。

铁路运输企业承担着公益性运输责任，仅 2011 年全国铁路公益运输线路亏损额就达 700 亿元，主要包括军事物资、扶贫救灾、军人、残疾人和在校学生等大量公益性运输服务成本。① 社会资本进入铁路行业后，必然会要求其设立的铁路运输企业提供公益性运输服务，但如果要求它们在提供公益性运输服务的同时还让其承担公益性运输服务的成本，势必会影响其收益。这是不合理的，会打消社会资本进入铁路行业的积极性，成为阻碍社会资本进入铁路行业的重要因素，不利于铁路行业健康快速发展。因此，规定铁路运输企业提供公益性运输服务强制性义务的同时应该对其进行公益性补贴，而要进行公益性补贴就必须建立公益性补贴制度。只有建立规范科学的公益性补贴制度，才能保证铁路运输公益性补贴的持续性，才能打消投资主体的顾虑，达到真正吸引社会资本进入铁路行业之政策目的。

二、保障社会资本准入的公益性补贴制度探索

要保证铁路运输行业公益性补贴能够公平、公正、合理地进行，必须建立规范科学的铁路运输行业公益性补贴制度，而要建立规范科学的公益性补贴制度，需要明确铁路运输行业公益性补贴的主体、公益性补贴的范围和公益性补贴的标准。

（一）明确公益性补贴的主体

要顺利地实施铁路运输行业公益性补贴政策，首先必须明确铁路运输行业公益性补贴的主体，只有主体明确，才能保证相关工作的顺利实施。财政补贴权是宏观调控权中的财政调控权，具体为转移支付权。按照经济

---

① 张彬、杨烨：《国家财政或补贴铁路公益服务》，《经济参考报》2012 年 10 月 30 日第 1 版。

法的基本原理，财政补贴权的主体是政府的财政部门。铁路运输服务的公益性补贴属于财政补贴，所以铁路运输服务公益性补贴的主体应该是政府的财政部门，包括中央政府的财政部门和地方政府的财政部门。如果铁路运输企业提供主干线范围内的公益性运输服务，则需要中央政府财政部门承担公益性补贴；如果铁路运输企业提供支线范围内的公益性运输服务，则应该由相关地方政府财政部门承担公益性补贴。《德国铁路通用法》第6c条规定，铁路运输企业承担定期通学票乘车旅客运输服务，补偿费的承担人为铁路运输企业经营运输地区所在州政府和联邦政府，如果运输服务从一个州延伸到另一个州的区域内，应该依据在各州地区完成的工作量由相应的州承担①。

但是，铁路运输服务具有极为特殊的专业性，实施具体公益性补贴的过程也较为复杂，仅靠政府财政部门难以实现，还需要铁路运输行业政府监管部门以及相关铁路运输企业配合。因此，铁路运输服务公益性补贴的主体应该是政府财政部门、国家铁路运输行业政府监管部门以及相关的铁路运输企业。具体应该为政府财政部门主导，其他相关部门和企业配合实施。2013年8月9日，国务院以国发〔2013〕33号印发的《关于改革铁路投融资体制加快推进铁路建设的意见》中确立的公益性补贴主体制度体现了这一设计思路，承担过渡期铁路运输公益性服务补贴的主体为财政部、国家铁路局和中国铁路总公司（即中国国家铁路集团有限公司）。

（二）明确公益性补贴的范围

明确铁路运输行业公益性补贴的范围是顺利实施公益性补贴工作的关键环节。如果补贴范围不清晰，则在具体实施补贴工作过程中，只能依赖

---

① 曹钟雄主编：《国外铁路法律法规选编》，中国铁道出版社2003年版，第203页。

于实施主体的自由裁量权，很容易导致补贴不公平、不合理等现象，甚至还会导致补贴过程中的寻租行为，滋生腐败。如果补贴的范围过宽，则国家财力无力承担；如果补贴的范围过窄，则铁路运输企业得不到应有的补偿，无法提高铁路运输企业从事公益性运输的积极性和主动性，也无法达到吸引铁路行业社会资本准入的政策目的。因此，确立科学合理的铁路运输行业公益性补贴范围十分必要。

要确立科学合理的铁路运输行业公益性补贴范围，必须考虑两方面的因素：其一，是否具有公益性。公益性是政府对铁路运输行业进行公益性补贴的主要理由，如果接受补贴的项目不具有公益性，则没有必要进行公益性补贴，即便对某些铁路运输企业的运输服务进行了补贴，其性质也不属于公益性补贴。因此，接受补贴的铁路运输服务项目必须具有公益性，这是铁路运输服务公益性补贴的前提性条件；其二，是否因提供公益性运输服务而受到损失。并非所有的铁路公益性运输服务都需要政府对其进行补贴，只有因提供公益性运输服务而受到损失的部分，政府才有义务进行公益性补贴。因此，公益性是因，受到损失是果，它们之间必须有因果关系。一方面要求铁路运输企业必须有损失，另一方面要求导致铁路运输企业遭受损失的因素必须具有公益性，这是确立对铁路运输服务提供公益性补贴范围的标准，二者缺一不可。

依据以上确立的标准，在具体的铁路运输服务公益性补贴范围立法中，比较可行的方法是：其一，采用列举式方法规定一般的铁路运输公益性补贴项目。如铁路运输企业承担的学生、伤残军人、涉农物资和紧急救援等公益性运输服务，以及青藏线、南疆线等有关公益性铁路的经营亏损等[①]，这些项目公益性明显，而且在铁路运输企业提供这些公益性运输

---

① 详情可参见王爱梅：《探讨铁路公益性运输补偿机制的建立》，《上海铁道科技》2012 年第 1 期。

服务过程中确实遭受了损失。因此，对于容易确定的项目应该在立法中以列举式的方式清晰列出，便于具体的操作实施；其二，采用归纳式的方法规定兜底性条款。列举式方法的优点是清晰且便于操作，但其缺陷是很难列举出所有类型。铁路运输服务行业情况较为复杂，立法时很难做到全面列举，为了避免因列举式方法的缺陷而导致一些特殊公益性铁路运输服务无法得到补偿，进而影响社会资本进入铁路行业的积极性。应该依据"公益性"和"遭受损失"两项标准，以归纳式方法规定给达到公益性补贴范围标准的其他铁路运输服务项目提供公益性补贴。

（三）明确公益性补贴的标准

在明确了铁路运输服务公益性补贴的主体和范围之后，需要明确铁路运输服务公益性补贴的额度标准。从表面上看，额度标准似乎很容易确定，如铁路旅客运输承担的学生半价票公益性运输服务，从直观的感觉上判断，铁路运输企业遭受的损失应该就是票价的一半，补贴的额度应该就是其损失额。但是，依据保障铁路运输市场主体自主经营定价权制度确立的铁路旅客运输服务最高限额定价模式和铁路货物运输服务市场化定价模式，铁路旅客运输服务和铁路货物运输服务在具体的运营过程中，其价格随着市场需求的变化而变化，很难确定其具体的损失额。因此，比较可行的方法是依据铁路运输企业提供的公益性运输服务总额，确定一个补贴的比例，依据比例进行补贴。《德国铁路通用法》第 6a 条规定了铁路运输企业承担定期通学票乘车旅客运输服务补偿额度标准，要求按完成运输任务所取得的收入与完成的人公里与平均单位运输成本之乘积之间差额的 50%，每人每公里的成本率被视为符合规定要求的平均单位运输成本。费率由州政府或州政府通过行政法规授权的行政当局按各个能节约经营且有效率的代表性企业的平均值的整数以行政法规确定，对于不同的运输区域可以根据其运营和运输特性进行不同的费率规定。① 德国的做法具有合理性和可行性，可以借鉴。所以，应该依据历史经验数据结合现实情况确定一个合理的比例，并依据确定的比例进行相应的公益性补贴。

综上所述，合理的主体制度、定价制度和公益性补贴制度是保障铁路行业社会资本准入后能够正常开展经营活动并实现盈利的主要制度支撑，如果没有这些制度的支撑和保障，铁路行业社会资本准入后将无法开展正常的经营活动，也无法实现盈利，也就没有社会资本进入铁路行业的动力。因此，铁路行业社会资本的准入不仅应该完善准入制度本身，还应该从合理的主体制度、定价制度和公益性补贴制度等各个方面入手进行深化改革，切实建构起能够保障社会资本投资者利益的制度，才能实现吸引社会资本进入铁路行业的政策目的。

① 曹钟雄主编：《国外铁路法律法规选编》，中国铁道出版社 2003 年版，第203 页。

第七章
铁路行业社会资本准入后的监管

　　全面、严格、公平、公正的监督管理是营造铁路行业良好营商环境，培育铁路行业自由公平竞争秩序的重要保障，是社会资本准入后实现盈利的前提条件。同时，监管也是社会资本准入铁路行业后规范自身行为，依法依规从事铁路经营的外部约束。因此，完善铁路行业监管制度，从监管宗旨、监管原则、监管主体、监管内容以及监管存在的问题及改进措施等各方面进行深入研究，具有重要的理论价值和现实意义。

第一节　铁路行业监管宗旨

一、规范各类主体的经营行为

　　缺乏约束就会缺乏规范，在没有监督管理的情况下，各类主体行为随意，甚至发生违法行为，皆属正常。约束力来自两方面，一方面是内部约束力，即各类主体通过自我约束，规范经营，不触碰法律法规的红线；另外一类是外部监管压力，包括社会监督和公权力监管，尤其是公权力监管，能够产生极强的威慑力。在铁路行业，我们既要倡导和鼓励各类投资主体建立科学规范的治理机制，进行自我约束，合法合规经营；同时还应该充分认识到行使外部监管的必要性和重要性，尤其是国家设置专门监管机构进行监督管理，是确保各类主体合法合规经营的重要保障。因此，规范各类主体的经营行为是铁路监管的直接宗旨，即通过监管各类主体的安全行为和市场行为，确保铁路运输安全运营和铁路运输市场行为规范。

二、培育铁路行业公平自由的市场竞争秩序

公平自由的市场竞争秩序是确保铁路行业充满活力，能够健康快速持续发展的前提，而全面、严格监管是建立铁路行业公平自由竞争秩序的重要保障。目前，"中国铁路"一家独大，在实践运用中存在大量滥用市场支配地位的行为，严重破坏了铁路行业公平自由的市场竞争秩序。因此，铁路行业监管不仅需要监管社会资本投资准入后的各类主体合法经营行为，同时还应该监管铁路系统内企业滥用市场支配地位打压竞争对手的各类行为。只有通过严格公正的监管，培育铁路行业公平自由的市场竞争秩序，才能为社会资本投资准入后在铁路行业市场竞争中凭借自己的努力和实力实现盈利创造良好环境。

三、营造铁路行业良好营商环境

良好的营商环境是铁路行业吸引社会资本的重要前提，规范合法的经营行为、公平自由的竞争秩序、诚信友善的人文环境，等等，都是铁路行业营商环境的重要组成部分。目前拥有绝对控制地位的"中国铁路"滥用市场支配地位打压竞争对手，利用优势路网资源变相逼迫其他市场主体接受其高价服务等现象，严重破坏了铁路行业的营商环境。因此，铁路行业需要严格的监管来纠正、修复和塑造营商环境，需要通过监督管理的预警防范、过程监督和严厉处罚等各个环节，让铁路行业营商环境的各个方面

在外部压力下得到改善，通过各个方面的改善，营造出公平自由竞争的良好营商环境。

四、切实保护旅客和托运人的运输权利

铁路行业监管的直接宗旨是规范各类主体行为，培育公平自由竞争秩序和营造铁路行业良好营商环境。然而，在各类宗旨的实现过程中，其实还有更深层次的宗旨，即通过以上各类宗旨的实现进而达到切实保护旅客和托运人的运输权利，这是铁路行业监管的最终目的。铁路运输行业所有的发展和努力，其最终的目的都是满足人民日益增长的美好运输需要，而铁路运输中各类主体权利的保护是运输美好需要的重要体现，尤其是对旅客和托运人权利的保护。因此，通过铁路行业严格、公平、公正的监督管理，促使各类铁路运输承运人合法合规经营，公平公正竞争，积极改善经营管理，切实提高运输效率，从而间接实现对旅客和托运人权利的保护，包括保障人身和财产权益[①]。另外，铁路行业监管部门还会针对承运人侵害旅客和托运人的具体行为实施监管，以限期整改、赔礼道歉、民事赔偿以及行政处罚等方式，通过公权力监管直接实现对铁路运输旅客和托运人权利的保护。

第二节　铁路行业监管原则

原则是根本和始终，铁路行业监管原则就是铁路行业做出监管决策、

---

① 刘卫红等:《第三方网络平台售票行为的法律规制与完善》,《铁路运输与经济》2019 年第 2 期。

实施监管行为时必须始终遵循的要求，是指导铁路行业监管工作的综合性和根本性准则，是铁路行业具体规则的指引和补充。根据实践经验积累和理论升华总结，铁路行业应该遵循全面监管原则、严格监管原则和公平公正监管原则。

一、全面监管原则

全面监管原则重在全面，即要求监管对象全面和监管领域全面。其一，监管对象全面，即要求不仅对各类投资主体进行监管，同时还要对铁路系统内各类国有性质主体进行监管，尤其是拥有绝对垄断地位的"中国铁路"整个集团系统进行监管。只有全面监管，才能实现规范铁路行业各类主体行为、培育公平自由竞争秩序、营造良好营商环境以及实现保护乘客及托运人权益的宗旨。其二，监管领域全面，即要求对铁路行业所有业务领域，包括铁路建设市场、铁路路网运营市场、铁路旅客运输市场、铁路货物运输市场、铁路专用设备生产维修市场以及与铁路相关的其他市场进行全面监管。当然，全面监管并不排斥重点监管，我们在强化全面监管的同时，针对重点问题、重点领域应该进行重点监管，突出监管的针对性，提高监管效率。

二、严格监管原则

严格监管原则要求铁路行业监管必须严格进行，主要体现在：其一，监管态度严格。态度决定着监管的力量和实施监管的决心，严格监管态度要求铁路行业必须有严格监管的定力和决心，在面对各类主体以及各类业务领域的阻力和压力时，应该毫不手软进行严格监管，而且需要持续推进，以坚定的决心和应有的定力保持监管到位。其二，监管手段严格。手段是监管的核心，科学严厉有效的监管手段是监管宗旨实现的核心保障，没有得力的手段就难以获得如期的效果。监管手段包括行政手段、经济手段和法律手段。行政手段及时果断能短期见效，但持久性不足；经济手段间接温和，但难以短期见效。因此，铁路行业监管应该综合运用行政手段和经济手段，同时应该注重将其上升为法律手段，综合适时运用各种手段，形成合力，提高监管效率和威慑力。其三，监管责任严格。责任是监管的威慑，是严格监管态度落实和严格监管手段发挥作用的直接保障。监管责任包括惩处违法违规对象的责任以及惩处监管主体监管不力的责任。严格监管责任，既可以对监管对象产生威慑力，促使其规范自身行为，合法合规从事铁路运输生产经营，同时也会对监管主体产生威慑，促使其严格依法开展监管工作，避免监管不作为、乱作为等现象发生。

三、公平公正监管原则

公平公正监管原则要求铁路行业监管应该从公平公正的要求出发，在具体的监督管理环节中，体现出形式上和实质上的公平公正。其一，公平监管原则。公平监管原则要求铁路行业监督管理应该对各类主体一视同仁，不偏不倚，谁违法违规就对谁进行惩戒处罚。无论是社会资本进入铁路行业的主体，还是铁路系统内部原有主体都应该受到同等监管。而且，公平监管原则要求在形式上有所体现，要求让人们以看得见的方式感受到公平。其二，公正监管原则。公正是公平的结果要求，相对于公平监管原则，公正监管原则更注重实质性公正。在铁路行业监管中，公正监管原则要求监管部门不仅在形式上公平监管各类主体，同时要求监管部门敢于对具有绝对垄断地位的"中国铁路"进行强硬监督，尤其是垄断突出领域和垄断地位突出企业，更应该对其严格监管，避免其肆无忌惮地滥用市场支配地位损害其他主体的合法权益，破坏铁路市场公平自由竞争秩序。因此，公平公正监管原则要求铁路行业监管需要从形式公平地对待各类主体，对违法主体及时进行适当惩处，避免各类主体损害乘客或托运人权益，或者破坏铁路行业公平自由竞争秩序；同时，公平公正监管原则还要求铁路行业监管部门应该拥有足够强大的权力，对目前拥有绝对支配地位的"中国铁路"敢于监管、能够监管，通过铁路行业监管打造公平自由的良好营商环境。

第三节　铁路行业监管主体和监管受体

　　监管主体是实施监管行为的主体，拥有公权力，代表国家对铁路行业实施监督管理；监管受体是被监管的对象，拥有经营权利及其他私权利。二者之间既是监管与被监管的关系，同时亦具有互动博弈关系。有学者通过铁路运输市场参与主体的博弈分析，认为监管部门的监管强度越大，铁路运输企业越重视运输服务，而铁路运输企业越重视服务又影响了铁路监管部门监管的积极性，监管部门的监督强度与铁路运输企业对服务质量的重视程度相互影响，最终达到均衡。① 所以，应该从理论上厘清监管主体和监管受体的范围及他们之间的关系，为改善铁路行业监督管理体制机制提供理论指导。

一、监管主体

　　铁路行业监管主体包括铁路行业监管部门、其他相关监管部门以及地

---

　　① 姬志洲等：《基于博弈论的铁路监管强度研究》，《铁道科学与工程学报》2015 年第 3 期。

方政府及其相关部门。

（一）铁路行业监管部门

　　根据第十二届全国人民代表大会第一次会议审议通过的《国务院机构改革和职能转变方案》，2013 年铁路行业实行政企分开改革，撤销铁道部，将铁道部拟订铁路发展规划和政策的行政职责划入交通运输部。交通运输部统筹规划铁路、公路、水路、民航发展，加快推进综合交通运输体系建设。组建国家铁路局，由交通运输部管理，承担铁道部的其他行政职责，负责拟订铁路技术标准，监督管理铁路安全生产、运输服务质量和铁路工程质量等。组建中国铁路总公司（后改为"中国国家铁路集团有限公司"），承担铁道部的企业职责，负责铁路运输统一调度指挥，经营铁路客货运输业务，承担专运、特运任务，负责铁路建设，承担铁路安全生产主体责任等。[1] 新组建的国家铁路局内设 4 个专业司级监管机构，分别为安全监察司、运输监督管理司、工程监督管理司、设备监督管理司，设立 7 家地区监管局，分别为沈阳铁路监督管理局、武汉铁路监督管理局、西安铁路监督管理局、兰州铁路监督管理局、上海铁路监督管理局、广州铁路监督管理局和成都铁路监督管理局，还设立 1 家监察室，即北京铁路监察室。[2] 此次调整初步建立了铁路行业监管主体结构，《铁路安全管理条例》第三条第一款规定，国务院铁路行业监督管理部门负责全国铁路安全监督管理工作，国务院铁路行业监督管理部门设立的铁路监督管理机构负责辖区内的铁路安全监督管理工作。国务院铁路行业监督管理部门和铁路监督管理机构统称铁路监管部门。

---

　　[1]　参见第十二届全国人民代表大会第一次会议审议通过的《国务院机构改革和职能转变方案》。

　　[2]　参见国家铁路局网：http://www.nra.gov.cn/zzjg/，最后访问日期为 2019 年 12 月 17 日。

（二）其他行业监管部门

铁路行业监督管理是个系统工程，非常复杂，仅靠铁路监管部门难以完成，铁路监管部门只负责铁路核心问题监管，其他相关业务需要有关部门按照法律法规的规定进行监管。《铁路安全管理条例》第三条规定，国务院有关部门依照法律和国务院规定的职责，负责铁路安全管理的有关工作。如安全监管部门的综合监管职责、国土资源部门的土地管理职责、公安部门的维护铁路安全秩序及有关处罚职责、建设主管部门的资质管理及标准制定职责、质量监管部门的产品质量监管职责、认证认可部门的认证认可职责、交通运输部门对公铁并行交叉的监管职责、无线电管理部门的监管职责、水利部门的监管职责，等等，都涉及铁路行业相关监管业务，他们各自将依据如《中华人民共和国安全生产法》《中华人民共和国治安管理处罚法》《中华人民共和国公路法》《中华人民共和国航道法》《中华人民共和国道路交通安全法》《中华人民共和国建筑法》《中华人民共和国产品质量法》《建设质量安全管理条例》《公路安全条例》等法律法规以及国务院关于各部门的"三定方案"进行铁路相关业务监管。①

（三）地方政府相关监管部门

地方政府及其相关部门是铁路监管的重要力量，尤其在铁路安全监管以及地方铁路市场监管中发挥重要作用。《铁路安全管理条例》第四条规定，铁路沿线地方各级人民政府和县级以上地方人民政府有关部门应当按照各自职责，做好保障铁路安全的教育，落实护路联防责任制，防范和制

---

① 《铁路安全管理条例释义》编委会：《铁路安全管理条例释义》，人民交通出版社 2014 年版，第 33 页。

止危害铁路安全的行为，协调和处理保障铁路安全的有关事项，做好保障
铁路安全的有关工作。因此，在铁路安全监管中，地方各级人民政府以及
相关安全生产监督管理部门、公安机关、国土资源部门、交通部门、水利
部门、建设部门等与铁路安全管理相关的部门都应该根据自己的职责履行
铁路安全监管业务。同时，市场监管等部门需要在自己的职责范围内监督
铁路相关市场及其他业务。

二、监管受体

　　监管受体就是被监管的对象，铁路行业监管受体主要包括铁路建设企
业、铁路运输企业和铁路专用设备制造维修企业，这三类主体是铁路行业
业务的核心主体。除此之外，铁路行业监管受体还包括其他铁路相关产品
生产、制造、维修等企业，以及乘客、托运人等相关主体，同时还包括铁
路沿线相关企业、居民等相关主体。

第四节　铁路行业监管内容

　　铁路行业监管内容主要包括安全监管和市场监管，安全监管主要包括
铁路建设质量安全监管、专用设备质量安全监管、线路安全监管和运营安
全监管等。市场监管主要包括垄断行为市场监管和服务质量监管，等等。
虽然我们倡导的是严格监管、全面监管和公平公正监管原则，但针对不同
主体，监管内容的侧重点将有所不同，其中，对社会资本投资主体的监
管，其核心主要集中在安全监管和服务质量监管上。

一、安全监管

安全是铁路运输永恒的话题，事关人民群众的生命健康，事关铁路行业的前途与命运，是铁路行业健康快速发展的前提。因此，无论是"中国铁路"系统内部主体，还是社会资本投资主体，都需要严格进行安全监管，确保铁路运输安全可靠。相对于"中国铁路"，社会资本投资主体在安全建设、安全生产、安全运营等方面都没有足够的经验、条件和实力，所以，更应该加强对社会资本投资主体进行铁路安全监管，包括铁路建设质量安全监管、专用设备质量安全监管和安全运营监管，等等。只有实施更严格的监管，施加外部压力，督促社会资本投资主体加大安全投入，改善安全环境，才能确保社会资本投资的铁路能够安全运营。同样，只有安全运营，社会资本投资铁路才更加具有吸引力，具有持久性。

二、市场监管

铁路行业市场监管的宗旨是建立铁路行业公平自由的竞争秩序，从而使各类主体能在自由公平的竞争环境中，通过自身努力实现盈利。铁路行业市场监管主要包括垄断行为监管和服务质量监管。

其一，垄断行为监管。铁路行业是目前垄断最为严重的行业，"中国铁路"一家独大，在铁路行业中占据绝对垄断地位，所以，对"中国铁路"进行严格监管十分必要，尤其对其滥用市场支配地位的行为进行严格监管，是保障铁路行业能够公平竞争的前提，是保护社会资本投资主体权益的重要保障，是营造铁路行业良好经营环境的重要途径。"中国铁路"系统内部主体滥用市场支配地位行为较多，而且手段相对隐蔽，由于其具有绝对的支配地位，很多行为不用直接实施，而是通过其他制约手段让竞争对手明白不接受其条件的代价，监管部门一般难以直接抓到其滥用市场支配地位行为的证据，增加了监管难度。如"中国铁路"旗下某公司要求社会资本投资主体到其所属的维修公司维修车辆，价格比市场价高出三倍，社会资本投资主体回绝后，很快就会发现其在过路接轨等很多依赖于该公司的具体业务中遇到责难，深知自己只有屈尊其下，接受不合理交易条件才能够继续与其合作。因此，铁路行业垄断监管具有特殊性，应该具有更为专业的判断和认证，才能有效实施监管。

其二，服务质量监管。铁路运输服务质量包含范围十分广泛，涉及铁路运输的方方面面，其核心目标是"安全正点、设备良好、环境适宜、饮食卫生、服务文明"。铁路运输监管是保证铁路运输服务质量的重要措施[1]，通过对铁路运输售票的公平公正公开状况、铁路车站服务质量状况、设施设备完好状况、列车运输服务质量状况以及货物运输服务质量状况等各个方面的监督检查，以通报批评、罚款、约谈主要负责人等方式惩处不符合质量标准要求的行为，给铁路运输企业施加压力，要求其采取有效管理措施，确保为社会提供高质量的铁路运输服务。一方面，"中国铁路"系统内部的各个主体提供铁路运输服务时，由于其具有绝对的垄断地位而不用担心市场竞争，容易出现怠于提高服务质量的状况；另一方面，社会资本投资主体提供铁路运输服务时，由于其自身能力和条件受到限制，容易出现服务质量不达标等情况。对"中国铁路"系统内部主体，监管的重点是服务态度导致的服务质量问题；而对于社会资本投资主体，监管的重点是服务质量达标问题。

---

[1]　姬志洲等：《基于博弈论的铁路监管强度研究》，《铁道科学与工程学报》2015年第3期。

第五节 铁路监管存在的问题及改进对策

一、铁路监管存在的问题

(一) 监管主体职权不完善，监管能力有待提升

职权是能力的保障，在法治国家，职权法定是基本原则，任何主体行使权力都必须有法律明确授权。但是，法律的滞后性和改革的必要性总会发生冲突，而且法律修改需要经历很长时间的争论、博弈后才能进行利益取舍，所以很多行业改革都难以等法律修改完毕后进行。习近平总书记指出："凡属重大改革都要于法有据，需要修改法律的可以先修改法律，先立后破，有序进行。有的重要改革举措，需要得到法律授权的，要按法律程序进行"。① 改革于法有据，但也不能因为现行法律规定就不敢越雷池一步，那是无法推进改革的，正所谓"苟利于民不必法古，苟周于事不必循旧"。铁路政企分开改革正是在这样的背景下进行的，改革进程极为急迫，但法律修改却难以短期实现，所以采取授权的方式进行改革。但是，授权改革是临时性措施，必须有法律修改及时跟进，尤其是监管部门职权界定，如果长期没有法律明确规定，职权的范围、力度、硬朗程度都会受到影响。2013 年铁路政企分开改革后，《铁路法》修改一直难以及时跟进，铁路行业监管部门职权至今未得到《铁路法》的明确授权，只有《铁路安全管理条例》对铁路行业安全监管职权进行了明确授权，但一方面，《铁路安全管理条例》只是行政法规，层级不够高；另一方面，《铁路安全管理条例》的授权范围仅限于安全监管，没有市场监管和其他监管方面的职

---

① 中共中央文献研究室：《习近平关于全面依法治国论述摘编》，中央文献出版社 2015 年版，第 45—46 页。

权赋予。因此，铁路行业监管部门职权缺乏明确且高层级立法授权，铁路监管主体职权不健全导致的监管能力受限是目前存在的重大问题。

（二）监管机构协同性不足，监管效力有待提升

铁路监管以铁路行业监管部门为主，同时涉及公安部门、应急管理部门、市场监管部门等国务院相关部门，而且铁路线路横跨各级地方政府，铁路监管还涉及地方政府及其相关部门监管。铁路的特殊性要求，铁路行业必须实施专门监管与多部门协同监管相结合，但铁路系统的纵向特征与地方政府监管的横向特征，以及铁路行业内部的专业监管与其他部门协同监管的体制机制设置，使其本身就难以协调各监管部门之间的关系。加之铁路行业缺乏高级别的有效协调机制，而且国家铁路局作为国务院铁路行业监管部门，无论是级别还是监管协调能力都相对不足，所以铁路行业监管的高度协同性需求与目前能够提供的协调能力之间还有差距，铁路行业监管难以提供高效、有效协同，监管机构存在协同性不足、监管效力有待提升等问题。

（三）监管责任不明晰，监管工作缺乏约束力

责任是约束，是压力，同时也是动力。没有明确的责任约束，没有严厉的惩处机制，行为就会变得随意，缺乏严肃性。目前，铁路监管主体缺乏明确严格的法律责任约束，现行《铁路法》没有对铁路监管主体进行责任约束，虽然《铁路安全管理条例》第 101 条①和 104 条②规定了

---

① 《铁路安全管理条例》第 101 条规定：铁路监管部门及其工作人员应当严格按照本条例规定的处罚种类和幅度，根据违法行为的性质和具体情节行使行政处罚权，具体办法由国务院铁路行业监督管理部门制定。

② 《铁路安全管理条例》第 104 条规定：铁路监管部门及其工作人员不依照本条例规定履行职责的，对负有责任的领导人员和直接责任人员依法给予处分。

铁路行业监管部门的监管责任，但过于原则化，缺乏操作性和威慑力，而且仅限于安全监管领域，只适用于铁路监管部门及其工作人员，使用对象范围和使用主体范围皆受限。因此，从目前铁路立法分析，铁路监管主体缺乏明确严格的法律责任约束，导致实践中铁路监管完全凭借监管主体的责任心和政治纪律要求开展，难以具有持续性，难以形成威慑力和制度性约束。尤其是除了铁路行业监管部门之外的监管主体，由于缺乏利益诱导而且属于对外任务，在没有严格责任约束下，更难以形成约束，缺乏动力。

（四）铁路行业的垄断情况严重，影响监管效率提升

在铁路行业的市场结构中，"中国铁路"一家独大，拥有绝对的支配力和影响力，据国家铁路局发布的统计数据，2018 年全国铁路旅客发送量完成 33.75 亿人次，其中，国家铁路 33.17 亿人次，占 98.28％；全国铁路旅客周转量完成 14146.58 亿人公里，其中，国家铁路 14063.99 亿人公里，占 99.42％；2018 年全国铁路货运总发送量完成 40.26 亿吨，其中，国家铁路 31.91 亿吨，占 79.26％；全国铁路货运总周转量完成 28820.99 亿吨公里，其中，国家铁路 25800.96 亿吨公里，占 89.52％。[①] 从数据可以看出，"中国铁路"在铁路客运市场中具有绝对垄断地位，在铁路货运市场中亦具有明显的垄断地位，中国铁路市场属于垄断严重、竞争明显不足的市场。在这类市场中进行市场监管，遇到的第一问题是垄断企业过于强大，难以有效监管；加之行业监管部门成立时间短，机构设置、人员配置以及职权配置等相对不健全，监管能力相对有限。这亦是铁路行业监管面临的现实问题。

[①]　国家铁路局：《2018 年铁道统计公报》，2019 年 04 月 26 日，见 http://www.nra.gov.cn/xwzx/zlzx/hytj/201904/P020191112582556282164.pdf。

二、铁路监管改进对策

目前铁路市场化改革趋势已经明确，并逐渐深入推进。但是，随着市场经济的成熟和法治发展，对现代政府监管提出了新的更高要求，传统政府监管已经在很大程度上制约铁路市场化推进，不符合现代铁路行业发展的需要。[1] 所以，随着铁路企业市场化经营的加速，我国铁路监管机构应在强化监管职责的同时完善自身组织建设[2]，尤其需要以立法的方式完善监管部门的职权和责任体系，建立健全监管协调机制，同时深化铁路行业改革，引入竞争，消除垄断，培育铁路行业竞争市场。从完善监管主体自身建设和完善市场竞争机制建设两方面提升监管能力。

（一）完善监管主体职权，提高监管能力

针对目前存在的监管部门职权不清晰、不完善以及缺乏明确法律授权的现状，应该借助《铁路法》修改契机，完善铁路监管职权，依职权提升铁路监管能力。其一，明确铁路行业监管部门的安全监管权。《铁路安全管理条例》从铁路建设质量安全、铁路专用设备质量安全、铁路线路安全、铁路运营安全四个方面授权铁路行业监管部门安全监管职权。总结近几年的安全监管经验，应该在《铁路安全管理条例》基础上在《铁路法》中明确铁路行业监管部门监管铁路建设质量的职权、监管铁路专用设备制造维修质量的职权、监管铁路运营安全的职权以及监管铁路线路安全的职权，解决铁路安全监管法律依据层次不足的问题。其二，明确铁路行业监管部门的市场监管权。在铁路行业，市场监管职权的核心应该包括垄断监管

---

[1]　尹少成：《铁路运价市场化改革及其政府监管研究》，《价格理论与实践》2015 年第 11 期。

[2]　李桥：《国外铁路监管机构探析》，《铁路运输与经济》2017 年第 11 期。

权、不正当竞争监管权和服务质量监管权。虽然，国家成立了国家市场监管总局，统一监管反垄断和反不正当竞争等市场监管工作，但是，鉴于铁路行业的特殊性，在国家市场监管总局统一监管的基础上，应该同时赋予铁路行业监管部门市场监管职权，以专业化的机构、专业化的手段进行市场监管，构建更适合铁路行业的市场监管职权体系。其三，明确其他主体监管铁路安全和铁路市场的职权。铁路系统的复杂性决定了铁路安全和铁路市场不仅需要铁路行业监管部门监管，同时还需要其他相关部门参与监管，如铁路安全的路外环境需要铁路行业监管部门、地方政府及其相关部门以及国务院其他相关部门联合监管，需要《铁路法》明确各方职权，尤其是地方政府铁路安全监管职权以及国务院其他部门铁路安全监管职权。

（二）完善监管主体法律责任，提高监管约束力

法律责任是约束监管主体的重要载体，是提高监管效率的重要保障。目前铁路行业存在监管主体法律责任不明确、不健全的问题，导致监管主体监管行为缺乏约束力，缺乏应有压力和动力。因此，借助《铁路法》修改契机，应该完善铁路监管主体的法律责任。其一，明确监管不作为的责任。即监管主体没有履行监管义务或怠于履行监管职权应该承担的责任。如铁路行业监管部门没有履行铁路建设质量监管义务或监管不到位导致铁路建设质量安全事故发生，在追究铁路建设主体责任的同时，监管部门亦应该承担监管不到位的责任[1]；再如铁路路外安全环境维护不力，导致媒

---

[1]　如沪昆高速铁路贵州段质量工程事件，据媒体报道，《中国铁路总公司关于沪昆高铁贵州段质量问题处理情况的通报（铁总建设函 [2017] 839 号）》（以下简称《通报》）中称，通车不到一年的沪昆高铁贵州段个别隧道存在偷工减料与施工质量问题。其中，施工单位中铁二十局存在偷工减料、内业资料弄虚作假、违法分包等问题；中铁二十三局存在未按设计要求完成泄水洞全部工程、现场管理混乱、内业资料弄虚作假、违法分包等问题；中铁十七局存在泄水洞施工现场组织不力、进度缓慢等问题；

体曝光、安全事故发生等行为时，在追究相关责任主体责任的同时，应该追究铁路行业监管部门、铁路沿线地方政府等监管主体监管不到位的责任。以责任的压力促使监管主体积极行使监管职权，履行监管义务，确保铁路安全监管和市场监管及时到位。其二，明确监管不恰当的责任。即监管主体监管不恰当应该承担的责任，包括过度行使监管职权、滥用监管职权以及违反程序性要求行使监管职权等行为应该承担的责任，尤其是因错误行使监管职权导致安全事故发生或其他严重后果时，应该从重承担责任。以责任约束监管主体依法依规行使职权，约束自己的监管行为，避免滥用职权不当干扰相关主体的行为发生，为铁路行业营造良好的营商环境。

（三）完善监管协调机制，提高监管效率

铁路行业的复杂性要求多主体监管，但多主体监管如果没有良好的协调机制，就会有陷入低效率监管的风险，导致有些领域监管缺失，而有些领域则进行了多重监管进而导致监管过度。铁路行业目前存在的主要问题是监管协调不力导致有些领域监管不到位，尤其是铁路路外安全环境监管以及铁路行业垄断行为监管，基本处于监管乏力的状态。因此，借助《铁路法》修改契机，应该建立各级铁路监管协调机构，综合协调铁路监管，

中铁二十二局存在施工缝质量缺陷未整治到位等问题。《通报》对施工单位、监理单位、设计单位、第三方检测单位、建设单位提出了处理意见。其中中铁二十局、中铁二十三局一年内停止接受参加铁路大中型建设项目施工投标，企业信用评价直接定为C级，承担相应质量问题直接经济损失的90%；中铁十七局、中铁二十二局企业信用评价总分扣2分；停止中铁二院参加满足其资格条件的铁路总公司建设项目设计投标4次；将山西三江工程检测公司清除出铁路建设市场。参见《沪昆高铁贵州段个别隧道被爆存严重质量问题》，央视网：http://m.news.cctv.com/2017/11/15/ARTIrMubqszH-Hzdzi7vsDvtr171115.shtml，2018年4月5日访问。目前只见到关于责任主体的处理情况，没有看到关于监管主体承担责任的相关报道。

提高监管效率。其一，建立国家层面的铁路监管协调机构。由国务院层面领导主持协调，秘书处设在国务院铁路行业监管部门，成员由交通、公安、应急、市场监管、铁路运输企业、省级地方政府等相关部门组成，从顶层制度设计层面建立铁路监管最高协调机制，负责铁路行业重点难点事项监管协调工作，如路外安全环境治理等，确保铁路监管高效进行。其二，建立地方层级的铁路监管协调机构。应该由铁路沿线县级以上人民政府牵头组建本辖区内铁路监管协调机构，由地方政府主要负责人主持协调，秘书处设在地方政府办公厅（室），由本级地方公安部门、应急管理部门、市场监管部门及其他相关部门、铁路公安、地方所辖铁路监管机构、所辖铁路局集团公司等组成，重点协调铁路安全监管问题，尤其是高铁线路外安全环境监管问题。

（四）深化改革，削弱"中国铁路"的垄断地位

铁路行业的健康发展，不仅需要从立法层面完善铁路监管主体的职权、责任和协调机制，从而提升监管能力，约束监管行为，提高监管效率，从建设监管主体层面达到监管目的；同时也需要从改变市场结构，培育竞争主体，创建能够公平自由竞争的营商环境层面进行努力。目前，铁路行业一家独大，"中国铁路"占据绝对垄断地位，在这种情况下，即便监管主体得到完善提升，如果不改变绝对垄断的市场结构，亦难以有效发挥监管，难以真正达到创建自由公平竞争秩序的目的。因此，在不断完善铁路监管法律制度的同时，应该积极深化改革，以合理的方式拆分一家独大的"中国铁路"，在保持铁路系统的规模性、满足统一调度需求的基础上，通过铁路系统内部改革培育竞争主体，改变一家独大的垄断格局。将目前的中国铁路集团有限公司彻底转变为资本运营公司，只负责资本运营，不参与具体铁路建设和运输管理。在此基础上，成立不以营利为目的的路网公司，负责目前中国国家铁路集团公司名下的路网和车站经营，

收取过路费；整合目前资源成立若干家铁路客运公司和若干家铁路货运公司，出售铁路货运公司股份，吸引社会资本进入货运领域，从而从铁路系统内部创造出能够自由公平竞争的市场结构。

结　论

　　本书从铁路行业社会资本准入的机理入手，从准入领域、准入条件、准入程序以及准入法律责任四个部分对铁路行业社会资本准入制度进行了系统研究。在铁路行业社会资本准入领域制度中，提出要以负面清单模式为路径，以安全性和公益性为判断标准，禁止社会资本进入铁路主干线基础设施运营领域和铁路旅客运输服务领域，但允许社会资本投资主体在自己修建的铁路线路上或者以自己修建的铁路线路为起始点从事旅客运输服务，在禁止的铁路业务领域外，则允许社会资本投资经营。在铁路行业社会资本准入条件制度中，提出在铁路企业设立和铁路业务经营资格许可两个环节分别设置准入条件，其中，涉及铁路行业社会资本准入的企业分为综合性铁路企业和铁路货物运输企业，两类企业设立对准入条件的指标需求不同，需要分开设置准入条件。而涉及铁路行业社会资本准入业务经营资格许可的业务包括铁路路网经营业务、铁路旅客运输业务和铁路货物运输业务，不同的业务对准入指标的需求不同，应该按不同的业务设置许可准入条件；在铁路行业社会资本准入程序制度建构中，提出应该以铁路企业设立登记程序和铁路业务经营资格许可程序为准入程序的行政管控手段，无须增设铁路企业设立审批程序；并且应该分开设置铁路企业设立登记准入程序与铁路业务经营资格许可准入程序，不应该将铁路业务经营资格的获取作为铁路企业设立登记的前置程序；在铁路行业社会资本准入法律责任制度建构中，提出从投资主体和准入机关的不同违法行为分别设置铁路行业社会资本准入法律责任制度。

　　除了系统地研究铁路行业社会资本准入，本书还对铁路行业社会资本准入的相关支撑制度和社会资本准入后的监管进行了研究。在保障铁路行业社会资本准入的主体制度中，提出将"中国铁路"改组为铁路国有资本经营公司，整合18个铁路局的现有资源，组建一家由铁路国有资本运营公司完全持股的铁路路网公司，若干个完全由铁路国有资本运营公司持股的铁路旅客运输公司，以及若干个由铁路国有资本运营公司完全持股或者控股、参股的铁路货物运输公司，实现铁路路网的垄断经营和铁路客货运输的市场化经营。在保障铁路行业社会资本准入的定价制度中，提出以垄断性、公益性以及竞争性的强弱程度为标准，对不同业务领域确立不同的定价政策。对具有极强的垄断性和公益性特征的铁路路网运营业务领域选择政府定价模式，对具有较强公益性特征同时又具有竞争性特征的铁路旅客运输业务领域选择最高限额定价模式，对于铁路货物运输业务领域，原则上应该选择市场化定价模式，只有在极为特殊的线路，才应该采用最高限额定价模式。在保障铁路行业社会资本准入的公益性补贴制度中，提出建立由政府财政部门为主导，国家铁路运输行业政府监管部门以及相关的铁路运输企业配合实施的主体制度。以公益性运输服务所受损失为补偿标准，采用列举式方法规定一般的铁路运输公益性补贴项目，同时以归纳式的方法规定兜底性条款，按铁路运输企业提供的公益性运输服务总额，确定补贴比例，依据补贴比例进行补贴。在铁路行业社会资本准入后的监管制度研究中，提出要完善监管主体职权，提高监管能力；完善监管主体法律责任，提高监管约束力；完善监管协调机制，提高监管效率。

　　按照资本投资运作的规律，保障社会资本投资铁路行业的法律制度应该包括准入、运营、监管和退出四个环节，本书只对准入法律制度进行了系统研究，同时对运营保障法律制度中的主体制度、定价制度、公益性补贴制度以及监管制度进行了初步研究，而对退出制度则未曾涉及，这是本书的最大缺憾，以后将继续对运营法律制度、监管法律制度和退出法律制度进行系统深入研究，这将是未来研究的主要方向。

参考文献

一、中文文献

（一）专著类

蔡立东：《公司自治论》，北京大学出版社 2006 年版。

才铁军：《中国铁路 40 年（1978—2018）》，中国言实出版社 2018 年版。

曹阳：《网络型公用企业竞争的法律规制》，法律出版社 2007 年版。

曹钟雄：《国外铁路法律法规选编》，中国铁道出版社 2003 年版。

陈力铭：《综合交通运输准入法律制度研究》，北京交通大学出版社 2013 年版。

陈明：《中国城市公用事业民营化研究》，中国经济出版社 2009 年版。

陈瑞华：《论法学研究方法：法学研究的第三条道路》，北京大学出版社 2009 年版。

傅穹：《重思公司资本制原理》，法律出版社 2005 年版。

高鹤文：《准公共产品领域国有经济功能研究》，吉林大学出版社 2011 年版。

顾功耘等：《国有资产法论》，北京大学出版社 2010 年版。

郭洁：《中国自然垄断产业规制权法律控制绩效研究》，经济科学出版社 2008 年版。

郭鹰：《民间资本参与公私合作伙伴关系（PPP）的路径与策略》，社会科学文献出版社 2010 年版。

何璧主编：《铁路改革实践探索》，中国铁道出版社 1998 年版。

何璧主编:《铁路改革立法规范》,中国铁道出版社1999年版。

胡德宝:《转型经济条件下中国自然垄断产业的有效竞争研究》,经济管理出版社2012年版。

胡光志主编:《欧盟竞争法前沿研究》,法律出版社2005年版。

胡甲庆:《电信行业规制与反垄断规制法律问题研究》,中国社会科学出版社2012年版。

胡旭阳:《首次公开发行市场准入管制经济效应的两面性:基于股票发行审核委员会审核行为的实证分析》,浙江大学出版社2015年版。

黄华平:《国民政府铁道部研究》,合肥工业大学出版社2011年版。

济邦咨询公司编著:《基础设施与公用事业民营化的中国实践》,学林出版社2007年版。

蒋红珍:《论比例原则:政府规制工具选择的司法评价》,法律出版社2010年版。

姜鹏:《我国外资银行市场准入监管研究》,中国金融出版社2011年版。

金士宣、徐文述编著:《中国铁路发展史》,中国铁道出版社2000年版。

李红昌:《铁路管制的契约分析》,经济科学出版社2005年版。

李墨丝:《视听服务市场准入法律制度研究》,法律出版社2015年版。

李青:《自然垄断行业管制改革比较研究》,经济管理出版社2010年版。

李燕领、王家宏:《我国职业体育的市场准入制度》,北京体育大学出版社2014年版。

梁上上:《论股东表决权:以公司控制权争夺为中心展开》,法律出版社2005年版。

林晓言:《铁路的民营化改革与市场融资》,经济科学出版社2006年版。

林晓言、卜伟等:《高速铁路服务质量与市场竞争》,社会科学文献出版社2012年版。

刘华:《经济转型中的政府职能转变》,社会科学文献出版社2011年版。

刘迪瑞:《日本国有铁路改革研究》,人民出版社2006年版。

宓汝成编:《中华民国铁路史》,社会科学文献出版社2002年版。

庞广仪:《粤汉铁路艰难的筹建与"国有化"》,合肥工业大学出版社2011

年版。

戚聿东、柳学信等：《自然垄断产业改革国际经验与中国实践》，中国社会科学出版社 2009 年版。

邱本：《经济法研究（上卷：经济法原理研究）》，中国人民大学出版社 2008年版。

荣朝和主编：《探究铁路经济问题》（第二辑），经济科学出版社 2009 年版。

深圳出入境检验检疫局编译：《美国联邦通信委员会市场技术准入管理要求》，中国质检出版社、中国标准出版社 2017 年版。

深圳出入境检验检疫局编著：《民用无人机主要贸易国家技术性贸易措施体系研究》，中国标准出版社 2018 年版。

深圳市标准技术研究院编著：《电动汽车国际市场准入指南》，中国质检出版社、中国标准出版社 2016 年版。

宋波、徐飞：《公私合作制（PPP）研究：基于基础设施项目建设运营过程》，上海交通大学出版社 2011 年版。

苏力：《制度是如何形成的》（增订版），北京大学出版社 2007 年版。

谭克虎：《美国铁路业管制研究》，经济科学出版社 2008 年版。

唐海涛：《GATS 下教育服务市场准入问题研究》，中国财富出版社 2016 年版。

铁道部档案史志中心编著：《新中国铁路五十年（1949—1999）》，中国铁道出版社 1999 年版。

铁道部统计中心汇编：《全国铁路历史统计资料汇编（1949—2006）》，中国铁道出版社 2008 年版。

《铁路安全管理条例释义》编委会：《铁路安全管理条例释义》，人民交通出版社 2014 年版。

万国华：《我国 OTC 市场准入与监管制度研究：基于非上市公司治理视角》，人民出版社 2012 年版。

王慧英：《我国铁路发展与改革研究》，清华大学出版社 2015 年版。

王利荣：《中国棉花市场准入政策对涉棉产业的影响研究：基于 GTAP 模型的分析》，经济管理出版社 2015 年版。

王丽娅：《社会资本投资基础设施领域研究》，中国经济出版社 2006 年版。

魏明枢：《张振勋与晚清铁路》，华南理工大学出版社 2009 年版。

谢地编著：《自然垄断行业国有经济调整与政府规制改革互动》，经济科学出版社 2007 年版。

徐士英等：《竞争法新论》，北京大学出版社 2006 年版。

杨仁寿：《法学方法论》，中国政法大学出版社 1999 年版。

杨永忠等：《民营经济进入垄断行业的制度性壁垒》，经济管理出版社 2010 年版。

于军：《铁路重组的理论与实践》，经济科学出版社 2003 年版。

张长青、郑翔：《铁路法研究》，北京交通大学出版社 2012 年版。

张梦龙：《论铁路改革中的结构性问题》，经济科学出版社 2014 年版。

张文显：《法哲学范畴研究》（修订版），中国政法大学出版社 2001 年版。

张世明：《经济法学理论演变研究》，中国法制出版社 2009 年版。

张守文：《经济法学》（第二版），中国人民大学出版社 2012 年版。

赵韵玲、刘智勇：《市场主体准入制度改革研究》，中国人民大学出版社 2010 年版。

郑艳馨：《我国公用企业垄断力滥用之法律规制》，法律出版社 2012 年版。

中华人民共和国交通运输部编：《2012 中国交通运输统计年鉴》，人民交通出版社 2013 年版。

中共中央文献研究室：《习近平关于全面依法治国论述摘编》，中央文献出版社 2015 年版，第 45—46 页。

《中国交通发展综合报告》编委会：《中国交通发展综合报告（2019）》（中国交通蓝皮书），中国铁道出版社 2019 年版。

左大杰：《铁路投融资体制研究》，中国发展出版社 2017 年版。

左大杰：《铁路债务处置研究》，中国发展出版社 2018 年版。

左大杰：《铁路国家所有权政策研究》，中国发展出版社 2018 年版。

左大杰：《铁路现代企业制度研究》，中国发展出版社 2019 年版。

（二）译著类

［美］阿瑟·奥肯：《平等与效率：重大抉择》，王奔洲译，华夏出版社 2010

年版。

[美]本杰明·卡多佐:《司法过程的性质》,苏力译,商务印书馆 2005 年版。

[美]伯尔曼:《法律与宗教》,梁治平译,中国政法大学出版社 2003 年版。

[美]伯纳德·施瓦茨:《美国法律史》,王军等译,法律出版社 2011 年版。

[美]丹尼尔·F. 史普博:《管制与市场》,余晖等译,格致出版社、上海三联书店、上海人民出版社 2008 年版。

[日]丹宗昭信、伊从宽:《经济法总论》,吉田庆子译,中国法制出版社 2010 年版。

[美]戴维·格伯尔:《全球竞争:法律、市场和全球化》,陈若鸿译,中国法制出版社 2012 年版。

[美]道格拉斯·C. 诺思:《制度、制度变迁与经济绩效》,格致出版社、上海三联书店、上海人民出版社 2014 年版。

[美]德沃金:《法律帝国》,李常青译,中国大百科全书出版社 1996 年版。

[美]E. 博登海默:《法理学:法律哲学与法律方法》,邓正来译,中国政法大学出版社 2004 年版。

[美]E.S. 萨瓦斯:《民营化与公私部门的伙伴关系》,周志忍等译,中国人民大学出版社 2002 年版。

[美]弗兰克·道宾:《打造产业政策——铁路时代的美国、英国和法国》,张网成、张海东译,上海人民出版社 2008 年版。

[美]弗兰克·H. 奈特:《风险、不确定性与利润》,商务印书馆 2010 年版。

[美]弗兰克·伊斯特布鲁克、丹尼尔·费希尔:《公司法的经济结构》,张建伟、罗培新译,北京大学出版社 2005 年版。

[英]弗里德里希·奥古斯特·哈耶克:《通往奴役之路》,王明毅等译,中国社会科学出版社 1997 年版。

[英]H.L.A 哈特:《法律的概念》,许家馨、李冠宜译,法律出版社 2011 年版。

[美]亨利·汉斯曼:《企业所有权论》,于静译,中国政法大学出版社 2001 年版。

[英]霍布斯:《利维坦》,黎思复、黎廷弼译,商务印书馆 1985 年版。

［德］卡尔·拉伦茨：《法学方法论》，陈爱娥译，商务印书馆 2005 年版。

［德］拉德布鲁赫：《法学导论》，米健译，法律出版社 2012 年版。

［美］莱纳·克拉克曼等：《公司法剖析：比较与功能的视角》，刘俊海等译，北京大学出版社 2007 年版。

［美］理查德·波斯纳：《法律的经济分析》（第七版），蒋兆康译，法律出版社 2012 年版。

［美］李·J. 阿尔斯顿等主编：《制度变迁的经验研究》，杨培雷译，上海财经大学出版社 2014 年版。

［德］鲁道夫·冯·耶林：《为权利而斗争》，胡宝海译，中国法制出版社 2004 年版。

［法］卢梭：《社会契约论》，李平沤译，商务印书馆 2011 年版。

［英］洛克：《政府论》（上篇），瞿菊农、叶启芳译，商务印书馆 1982 年版。

［英］洛克：《政府论》（下篇），瞿菊农、叶启芳译，商务印书馆 1964 年版。

［美］罗纳德·哈里·科斯：《企业、市场与法律》，盛洪、陈郁译，格致出版社、上海三联书店、上海人民出版社 2009 年版。

［美］罗·萨缪尔森、威廉·诺德豪森：《经济学》（第十九版），萧琛主译，商务印书馆 2013 年版。

［英］罗伊·古德：《国际铁路车辆融资法律实务》，高圣平译，法律出版社 2014 年版。

［英］玛丽·道格拉斯：《制度如何思考》，张晨曲译，经济管理出版社 2013 年版。

［法］孟德斯鸠：《论法的精神》（上、下卷），许明龙译，商务印书馆 2012 年版。

世界银行：《1994 年世界银行发展报告：为发展提供基础设施》，毛晓威等译，中国财政经济出版社 1994 年版。

［英］韦恩·莫里森：《法理学：从古希腊到后现代》，李桂林等译，武汉大学出版社 2003 年版。

［德］沃尔夫冈·费肯杰：《经济法》（第一、二卷），张世明译，中国民主法制出版社 2010 年版。

[德] 乌茨·施利斯基：《经济公法》（第二版），喻文光译，法律出版社 2006 年版。

[英] 亚当·斯密：《国富论》，高格译，中华书局 2012 年版。

[加] 耶斯考比：《公共部门与私营企业合作模式：政策与融资原则》，杨欣欣 译，中国社会科学出版社 2012 年版。

[美] 伊斯雷尔·柯兹纳：《市场过程的含义》，冯兴元等译，中国社会科学 出版社 2012 年版。

[美] 约翰·罗尔斯：《正义论》，何怀宏等译，中国社会科学出版社 2009 年版。

[英] 约翰·梅纳德·凯恩斯：《就业利息和货币通论》，陕西人民出版社 2006 年版。

[英] 约翰·穆勒：《论自由》，孟凡礼译，广西大学出版社 2011 年版。

[法] 约瑟夫·马纪樵：《中国铁路融资与外交（1860—1914)》，许峻峰译， 中国铁道出版社 2009 年版。

[美] 詹姆斯·M.布坎南：《宪法秩序的经济学与伦理学》，朱泱等译，商务 印书馆 2008 年版。

（三）中文论文类

伯倩等：《国企分类改革：一个新起点》，《国企》2012 年第 1 期。

卞绍斌：《法则与自由：康德定言命令公式的规范性阐释》，《学术月刊》2018 年第 3 期。

蔡立东：《法人分类模式的立法选择》，《法律科学（西北政法大学学报）》 2012 年第 1 期。

蔡立东：《行政审批与权利转让合同的效力》，《中国法学》2013 年第 1 期。

蔡立东、李晓倩：《行政审批与合资企业股权转让合同的效力》，《吉林大学 学报（社会科学版）》2010 年第 6 期。

蔡立东、李晓倩：《行政审批与矿业权转让合同的效力》，《政法论丛》2011 年第 5 期。

车丕照：《"市场准入""市场准出"与贸易权利》，《清华大学学报》（哲学社会科学版）2004 年第 4 期。

陈兵：《美国〈反托拉斯法〉生成进路研究——以规制铁路公司垄断为线索》，《法制与社会发展》2012 年第 2 期。

陈兵：《改革开放以来铁路业定价机制的嬗变与展望》，《兰州学刊》2019 年第 1 期。

陈伟宏：《公平正义：国家治理现代化的价值基准》，《中州学刊》2019 年第 12 期。

陈志广：《日、英两国铁路事业民营化改革及其启示》，《国家行政学院学报》2012 年第 5 期。

程信和：《经济法基本权利范畴论纲》，《甘肃社会科学》2006 年第 1 期。

成凡：《法律认知和法律原则：情感、效率与公平》，《交大法学》2020 年第 1 期。

杜晓宇：《法国国企改革实践及其对我国的启示》，《湖北社会科学》2006 年第 1 期。

方奕：《德国铁路改革现状及对策》，《铁路运输与经济》2017 年第 7 期。

冯果：《论公司资本三原则理论的时代局限》，《中国法学》2002 年第 3 期。

冯建生、张庆侠：《民营经济市场准入的立法完善研究》，《河北师范大学学报》（哲学社会科学版）2011 年第 5 期。

封延会、贾晓燕：《论我国市场准入制度的构建》，《山东社会科学》2006 年第 12 期。

葛声、安一丹：《东道国对外资银行市场准入条件法律监管探讨》，《湖北经济学院学报（人文社会科学版）》2009 年第 9 期。

葛玉红：《清末民初铁路引发的社会矛盾及原因分析》，《南京社会科学》2013 年第 8 期。

郭文帅、荣朝和：《综合交通运输研究综述》，《经济问题探索》2013 年第 10 期。

国务院国有资产监督管理委员会党委：《坚定不移地推进国有企业改革发展》，《求是》2012 年第 10 期。

韩龙：《市场准入与国内规制在 WTO 法中应如何合理界分》，《政法论坛（中国政法大学学报)》2006 年第 4 期。

韩潇:《关于德国铁路法制建设有关问题的思考》,《铁道经济研究》2001 年第 5 期。

郝凯临:《论市场准入制度的创新——论政府企业登记管理制度的改革》,《中国工商管理研究》2002 年第 6 期。

黄民:《关于新时代铁路发展改革的若干思考》,《铁道学报》2019 年第 6 期。

姬志洲等:《基于博弈论的铁路监管强度研究》,《铁道科学与工程学报》2015 年第 3 期。

贾长森:《刑罚效率价值的理论建构及执行优化》,《法律科学(西北政法大学学报)》2020 年第 2 期。

贾海燕:《经济法的价值分析》,《政法论坛》2002 年第 6 期。

贾晓燕、封延会:《市场准入——澄清、流变与制度构建》,《河北法学》2009 年第 7 期。

孔琦:《德国铁路改革之路》,《铁道运营技术》2000 年第 3 期。

来有为、宋方明:《美国铁路规制改革》,《经济理论与经济管理》2003 年第 3 期。

兰士勇:《扩大民间资本市场准入研究》,《中国工商管理研究》2004 年第 1 期。

李克强:《上下联动做好政府改革这篇大文章》,《新华文摘》2014 年第 2 期。

李克强:《关于深化经济体制改革的若干问题》,《新华文摘》2014 年第 13 期。

李桥等:《国外铁路监管机构探析》,《铁路运输与经济》2017 年第 11 期。

李晟东、黄凯:《中国铁路总公司安全监督管理现状研究》,《工业安全与环保》2017 年第 6 期。

李友根:《经营者公平竞争权初论——基于判例的整理与研究》,《南京大学学报(哲学、人文科学、社会科学)》2007 年第 2 期。

李友根:《论产品召回制度的法律责任属性——兼论预防性法律责任的生成》,《法商研究》2011 年第 6 期。

李哲昕:《"7·23"动车追尾事故应急处理引发的法律思考》,《法学》2011 年第 8 期。

廉安然:《美国铁路法律体系与启示》,《中国铁路》2010 年第 5 期。

梁栋：《英国铁路考察报告》，《铁道经济研究》2010 年第 4 期。

刘大洪、殷继国：《论公平竞争权——竞争法基石范畴研究》，《西北大学学报》（哲学社会科学版）2008 年第 6 期。

刘佳：《简论 19 世纪三四十年代英国铁路的发展及国家干预的开始》，《首都师范大学学报（社会科学版）》2009 年增刊。

刘胜题、吕珺珺：《铁路行业改革与法治化市场化融资》，《商业研究》2012 年第 11 期。

刘水林：《经济法责任的二元结构及二重性》，《政法论坛》2005 年第 2 期。

刘卫红等：《第三方网络平台售票行为的法律规制与完善》，《铁路运输与经济》2019 年第 2 期。

刘卫红等：《铁路运输服务质量监督法律机制研究》，《铁路运输与经济》2019 年第 9 期。

刘宇：《改革开放四十年我国铁路行业的转型质效与深改探索——基于公共管理视角》，《华东经济管理》2018 年第 12 期。

刘宇、方雷：《政企分开后我国铁路行业改革的困境与出路》，《改革》2018 年第 7 期。

陆铖等：《基于移动安全的铁路安全监管系统》，《中国安全科学学报》2018 年第 S1 期。

鲁篱：《公用企业垄断问题研究》，《中国法学》2000 年第 5 期。

马长山：《社会资本、民间社会组织与法治秩序》，《环球法律评论》2004 年第 3 期。

马俊驹：《国家所有权的基本理论和立法结构探讨》，《中国法学》2011 年第 4 期。

马晓飞、王欣：《中国铁路运输收入清算问题的市场化改革研究》，《理论月刊》2015 年第 4 期。

孟超等：《关于构建铁路工程质量监督评价体系的探讨》，《中国安全科学学报》2018 年第 S1 期。

孟健、荣朝和：《我国铁路车票的契约效率优化研究》，《铁道运输与经济》2013 年第 10 期。

孟祥春：《美国铁路的历史沿革与管制变迁》，《理论学习与探讨》2008 年第 3 期。

[英] 纳什：《欧洲与日本铁路改革模式的比较》，《综合运输》2009 年第 10 期。

欧国立：《中国铁路运价体制和运价政策的变迁》，《综合运输》2006 年第 4 期。

潘劲松：《地方政府鼓励民间投资的市场准入法律制度对策》，《生产力研究》2011 年第 8 期。

彭红彬：《论市场准入法的定位》，《南昌工程学院学报》2009 年第 2 期。

漆多俊：《我国公用企业垄断法律规制之困境——读郑艳馨〈我国公用企业垄断力滥用行为之法律规制〉一点感想》，《河北法学》2012 年第 12 期。

齐延平：《法的公平与效率价值论》，《山东大学学报》（哲学社会科学版）1996 年第 1 期。

秦国荣：《维权与控权：经济法的本质及功能定位——对"需要干预说"的理论评析》，《中国法学》2006 年第 2 期。

亏道远：《社会资本投资铁路适格主体》，《河北法学》2013 年第 6 期。

亏道远：《铁路行业社会资本准入领域制度》，《经济法学评论》2015 年第 2 期。

亏道远：《铁路行业社会资本准入条件制度》，《经济法学评论》2016 年第 2 期。

亏道远：《铁路行业社会资本准入的制度基础》，《经济法学评论》2017 年第 2 期。

亏道远、张兰芳：《高铁走出去知识产权风险防范》，《河北法学》2017 年第 9 期。

亏道远、冯兆惠：《高速铁路安全的社会公共责任》，《河北法学》2018 年第 9 期。

亏道远、冯兆惠：《高速铁路安全共建共治共享的法治化路径》，《河北法学》2019 年第 6 期。

亏道远等：《德国高速铁路安全立法的经验及启示》，《铁路运输与经济》2020 年第 4 期。

任鑫、周宇：《我国铁路投融资：现状分析、问题剖析及改革政策取向》，《宏观经济研究》2015 年第 6 期。

荣朝和：《关于铁路规模经济与范围经济的探讨》，《铁道经济研究》2001 年第 4 期。

荣朝和：《从运输产品特性看铁路重组的方向》，《北京交通大学学报（社会科学版）》2002 年第 1 期。

荣朝和：《初探铁路产权关系的特殊性》，《综合运输》2006 年第 1 期。

荣朝和：《铁路可持续发展必须明确事权与支出责任》，《北京交通大学学报》（社会科学版）2019 年第 3 期。

单飞跃：《经济法的法价值范畴研究》，《现代法学》2000 年第 1 期。

单飞跃、刘思壹：《经济法安全理念的解析》，《现代法学》2003 年第 1 期。

史际春、肖竹：《公用事业民营化及其相关法律问题研究》，《北京大学学报（哲学社会科学版）》2004 年第 4 期。

史际春、肖竹：《反公用事业垄断若干问题研究——以电信业和电力业的改革为例》，《法商研究》2005 第 3 期。

史际春、赵忠龙：《竞争政策：经验与文本的交织进化》，《法学研究》2010 年第 5 期。

宋晓燕：《市场准入：承诺的兑现》，《华东政法学院学报》2007 年第 2 期。

孙林：《铁路货物运输市场准入法律问题研究》，《铁道货运》2005 年第 5 期。

孙宪忠：《"政府投资"企业的物权分析》，《中国法学》2011 年第 3 期。

滕仁：《中东铁路"地亩处事件"述略》，《俄罗斯东欧中亚研究》2014 年第 1 期。

汤浒、赵坚：《中国铁路运输的生产制度结构及企业组织模式研究》，《北京交通大学学报（社会科学版）》2015 年第 4 期。

铁路运价考察团：《美国铁路运价考察》，《中国铁路》2001 年第 3 期。

王红霞、李国海：《"竞争权"驳论——兼论竞争法的利益保护观》，《法学评论》2012 第 4 期。

王惠贤、李宏舟：《民营化改革后铁路行业的价格规制及线路维持——以日本为例》，《财经论丛》2014 年第 1 期。

汪建丰：《美国政府铁路产业政策变迁的历史分析》，《社会科学战线》2005 年第 3 期。

王健：《铁路公司制改革后加强运输收入稽查工作对策探讨》，《铁路运输与经济》2020 年第 2 期。

王俊豪：《英国公用事业的民营化改革及其经验教训》，《公共管理学报》2006 年第 1 期。

王兰：《商事登记与市场准入关系的法经济学思辨》，《现代法学》2010 年第

2 期。

　　王澜明：《深化行政审批制度改革应"减""放""改""管"一起做——对国务院部门深化行政审批制度改革的一点看法和建议》，《新华文摘》2014 年第 7 期。

　　王利明：《负面清单管理模式与私法自治》，《中国法学》2014 年第 5 期。

　　王利明：《负面清单：一种新的治国理政模式》，《新华文摘》2014 年第 22 期。

　　王林昌等：《我国市场准入秩序中存在的问题及成因》，《经济研究参考》2010 年第 53 期。

　　王晓刚：《国外铁路政府监管体制分析及启示》，《铁路运输与经济》2015 年第 5 期。

　　王晓亭、张秋生：《日本国铁改革及其对中国铁路改革的启示》，《铁道运输与经济》2002 年第 2 期。

　　王晓晔：《非公有制经济的市场准入与反垄断法》，《法学家》2005 年第 3 期。

　　吴弘：《市场准入法律制度的理论基础》，载张守文主编，《经济法研究》第 7 卷，北京大学出版社 2010 年版。

　　吴伟达：《民营企业市场竞争的法律环境研究》，《浙江学刊》2006 年第 6 期。

　　习近平：《加快建设社会主义法治国家》，《求是》2015 年第 1 期。

　　谢晖：《论法律价值与制度修辞》，《河南大学学报》（社会科学版）2017 年第 1 期。

　　徐天柱：《我国铁路产业投融资模式的法律规制》，《学术界》2014 年第 5 期。

　　徐彦：《关于我国高速铁路票价机制改革对策研究》，《铁路运输与经济》2018 年第 9 期。

　　薛澜等：《"7·23 重大事故"的警示——中国安全事故调查机制的完善与改进》，《国家行政学院学报》2012 年第 2 期。

　　杨海坤、郭朋：《公用事业民营化管制与公共利益保护》，《当代法学》2006 年第 5 期。

　　杨晶：《以加快转变政府职能为核心深化行政体制改革》，《新华文摘》2014 年第 8 期。

　　杨卫东：《论新一轮国有企业改革》，《新华文摘》2014 年第 14 期。

　　杨晓莉：《美国铁路发展现状及启示》，《综合运输》2010 年第 2 期。

姚坚:《政府信息公开原则与公开限制》,《广东社会科学》2017 年第 6 期。

殷红军、罗赛:《铁路投融资体制改革与社会资本投资策略研究》,《交通企业管理》2009 年第 1 期。

尹少成:《铁路运价市场化改革及其政府监管研究》,《价格理论与实践》2015 年第 11 期。

余晖、何静:《欧盟铁路改革的体制框架、关键路径及其启示》,《江海学刊》2016 年第 1 期。

余军、朱新力:《法律责任概念的形式构造》,《法学研究》2010 年第 4 期。

于立、肖兴志:《自然垄断理论演进综述》,《经济学动态》2000 年第 6 期。

于良春、彭恒文:《中国铁路运输供需缺口及相关产业组织政策分析》,《中国工业经济》2005 年第 4 期。

张汉斌:《美、日、欧铁路管理体制改革及启示》,《经济体制改革》2014 年第 2 期。

张梦龙、欧国立:《铁路改革必须重视物品属性的结构性影响》,《宏观经济研究》2013 年第 8 期。

张守文:《政府与市场关系的法律调整》,《中国法学》2014 年第 5 期。

张文显:《法律责任论纲》,《吉林大学社会科学学报》1991 年第 1 期。

张银雁、佟琼:《基于博弈视角的我国铁路公益性运输补贴机制研究》,《管理评论》2018 年第 4 期。

章志远:《公用事业特许经营及其政府规制——兼论公私合作背景下行政法学研究之转变》,《法商研究》2007 年第 2 期。

章志远、黄娟:《公用事业特许经营市场准入法律制度研究》,《法治研究》2011 年第 3 期。

赵坚:《关于路网完整性与统一调度指挥的经济学分析》,《综合运输》2007 年第 11 期。

赵坚:《铁路管理与铁道部政企分开可行性研究》,《中国国情国力》2008 年第 6 期。

赵坚:《我国铁路管理体制面临的选择》,《行政管理改革》2011 年第 11 期。

赵坚、汤浒等:《我国铁路重组为三大区域铁路公司的设想》,《综合运输》

2012 年第 7 期。

朝霞、林榕：《简析吉会铁路的建设及其沿线的殖民经营》，《社会科学战线》2012 年第 8 期。

赵旭东：《从资本信用到资产信用》，《中国法学》2003 年第 5 期。

郑少华：《论中国公用企业垄断行为的法律调控机制》，《华东政法学院学报》2002 年第 2 期。

郑翔等：《日本铁路建设法律制度及启示》，《中国铁路》2008 年第 3 期。

郑翔、魏霞：《论铁路承运人的安全保障义务》，《北京交通大学学报》（社会科学版）2011 年第 4 期。

郑艳馨：《论公用企业滥用垄断力行为》，《河北法学》2011 年第 11 期。

中国铁路代表团：《法国、英国的铁路改革》，《中国铁路》2000 年第 9 期。

中国铁路考察团：《日本和加拿大的铁路制度建设》，《中国铁路》2005 年第 1 期。

钟明霞：《公用事业特许经营风险研究》，《现代法学》2003 年第 3 期。

周倩：《铁路行业适用反垄断法的豁免标准》，《烟台大学学报》（哲学社会科学版）2009 年第 3 期。

周新军：《铁路产业投资基金：控股权收益权与制度补偿》，《经济理论与经济管理》2012 年第 11 期。

朱慈蕴：《公司资本理念与债权人利益保护》，《政法论坛（中国政法大学学报)》2005 年第 3 期。

朱一飞：《论经营者的公平竞争权》，《政法论丛（中国政法大学学报)》2005 年第 1 期。

二、外文文献

（一）著作类

David M.Newbery, *Privatization, Restructuring and Regulation of Network Utilities*, The MIT Press, 2002.

Ernest Gellhorn and William E. Kovacic, *Antitrust law and economics in a nutshell*, *4th edition*, West Group Press, 1994.

Ma Qing-Ping Editor, *Private Capital and Road to Developed Economy,* Economic Science Press, 2011.

Robert W. Hamilton, *The Law of Corporations*, *4th edition*, West Group Press, 1996.

（二）英文论文

Aoife Ahern and Gabrial Anandarajah, "Railway Projects Prioritisation for Investment: Application of Goal Programming", *Transport Policy*, 2007.

Chris A. Nash, Andrew S. J. Smith, Didier van de Velde, Fumitoshi Mizutani and Shuji Uranishi, "Structural Reforms in the Railways: Incentive Misalignment and Cost Implications", *Research in Transportation Economics*, 2014.

Gökçe Aydin and Anna Dzhaleva-Chonkova, "Discussions on Rail in Urban Areas and Rail History", *Research in Transportation Economics*, 2013.

J. Campo, "Lessons From Railway Reforms in Brazil and Mexico", *Transport Policy*, 2001.

J. M. Clark, "Toward a Concept of Workable Competition", *American Economic Review*, 1940.

José de Sousa, Thierry Mayerand Soledad Zignago, "Market Access in Global and Regional Trade", *Regional Science and Urban Economics*, 2012.

Joseph Francois and Ian Wooton, "Market Structure, Trade Liberalization and the GATS", 17 European Journal of Political Economy, 2001.

Joseph F. Francois and Will Martin, "Commercial Policy Variability, Bindings, and Market Access", *European Economic Review*, 2004.

Leora Klapper, Luc Laeven and Raghuram Rajan, "Entry Regulation as a Barrier to Entrepreneurship", *Journal of Financial Economics*, 2006.

Simeon D Jankov, Rafael Laporta, Florenciol Opezde Silanes and Andrei Shleifer, "The Regulation of Entry", *The Quarterly Journal of Economics*, 2002.

Víctor Blanco, Justo Puerto and Ana B.Ramos, "Expanding the Spanish High-speed Railway Network", *Omega*, 2011.

三、学位论文

戴霞:《准入法律制度研究》,博士学位论文,西南政法大学,2006 年。

李岱安:《我国铁路路网成本与定价问题的研究》,博士学位论文,北京交通大学,2006 年。

林燕:《社会资本投资对我国居民福利改进的理论与实证研究》,博士学位论文,西南财经大学,2010 年。

姜琪:《中国铁路运输的有效竞争研究》,博士学位论文,山东大学,2013 年。

唐敏:《电力行业竞争法律机制研究》,博士学位论文,西南政法大学,2010 年。

王会宗:《中国铁路运输业行政垄断与引入竞争问题研究》,博士学位论文,山东大学,2010 年。

王志远:《竞争政策在网络型公用事业中的应用》,博士学位论文,中国政法大学,2011 年。

吴志红:《公用事业规制法研究》,博士学位论文,苏州大学,2012 年。

肖海军:《营业准入法律制度研究》,博士学位论文,湖南大学,2007 年。

徐天柱:《中国铁路产业经济法规制问题研究》,博士学位论文,安徽大学,2014 年。

四、报刊文献

张彬、杨烨:《国家财政或补贴铁路公益服务》,《经济参考报》2012 年 10 月 30 日第 1 版。

张梦龙、荣朝和:《重视铁路领域政府与市场关系的处理》,《光明日报》2013 年 1 月 3 日第 3 版。

朱琼华:《巴新铁路:春成的梦想与抗争》,《21 世纪经济报道》2012 年 6 月

27 日第 18 版。

五、电子文献

《2013 年铁道统计公报》，2014 年 4 月 10 日，见 http://www.nra.gov.cn/fwyd/zlzx/hytj/201404/t20140410_5830.htm。

《2018 年铁道统计公报》，2019 年 4 月 26 日，见 http://www.nra.gov.cn/xwzx/zlzx/hytj/201904/P020191112582556282164.pdf。

《法国国企：左手挣钱，右手服务》，2010 年 12 月 10 日，见 http://news.163.com/10/1210/02/6NGQBVC200012Q9L.html。

《国家铁路局公开 8 项行政审批事项　铁路运输企业设立撤销变更须经审批》，2014 年 2 月 18 日，见 http://www.legaldaily.com.cn/executive/content/2014-02/18/content_5286201.htm?node=32120。

《国务院发布取消行政审批项目等事项的决定再取消 3 项铁路行政审批项目》，2014 年 8 月 13 日，见 http://www.nra.gov.cn/zwzc/xwdt/xwlb/201408/t20140813_7587.htm。

《兰州自来水污染原因查明　兰州威立雅董事长被撤》，2014 年 6 月 12 日，见 http://finance.sina.com.cn/china/20140612/180219402248.shtml。

《倪光南：无网络安全就无国家安全　丢掉幻想是正道》（维护中国网络安全系列报道一），2014 年 4 月 29 日，见 http://it.people.com.cn/n/2014/0429/c100924953592.html。

《纽约时报头版刊文：花 110 亿美元　美国高铁仍落后中国》，观察者网译，2014 年 8 月 10 日，见 http://news.ifeng.com/a/20140810/41516115_0.shtml。

《外资深度介入中国互联网产业或威胁网络安全》（维护中国网络安全系列报道二），2014 年 4 月 30 日，见 http://it.people.com.cn/n/2014/0430/c100924958732.html。

《中国铁路总公司负债 3 万亿元　资产负债率升至 62.6%》，2013 年 12 月 23 日，见 http://money.163.com/13/1223/09/9GP6L96100253B0H.html。

附　录
以满足人民的美好需要为目标深化铁路改革

党的十九大报告提出，中国特色社会主义进入新时代，我国社会主要矛盾已经转化为人民日益增长的美好生活需要和不平衡不充分的发展之间的矛盾。这是以习近平同志为核心的党中央对当前社会发展变化做出的最新判断，要求以后各个领域的改革必须以新时代社会主要矛盾转变为基础，审时度势，准确研判，稳步推进改革。具体到铁路行业，近年来，经历了主辅分离、撤销分局、大提速、政企分开以及市场化、公司制等多项改革措施，初步实现了精简机构、缩小管理幅度、理顺政企关系以及提速增效的目的，既促进了铁路行业的大发展，也增强了铁路运输企业的竞争力，取得了显著的成绩。但是，相对于人民日益增长的美好生活需要，铁路行业的改革相对滞后，需要继续深化改革，完善制度、理顺关系，促进铁路行业更好更快地发展。

一、人民对铁路运输的美好需要

按党的十九大报告提出的主要矛盾转变分析，从旅客自身需求角度出发，人民对铁路运输日益增长的美好生活需要主要体现为：一是安全运输的需要。安全是交通运输的永恒追求，是人们出行选择交通工具的第一标准。铁路运输具有较高的安全性，但是铁路运输点多线长，涉及的安全因素十分复杂，尤其是高速铁路运输，其高速度、高密度和大规模运营极大地增加了维护高速铁路安全的难度，近期发生的"高铁列车冒烟事件""沪昆高铁贵州段工程质量问题事件"以及"安徽女教师高铁扒门事件"，等等，都充分表明影响铁路安全的因素并未得到完全控制。消除铁路安全隐患，防范铁路安全还有很大的提升空间。二是便捷运输的需要。便捷运输是时间和效率的集中体现，是人民生活幸福感获得的重要源泉。铁路运输相对于航空运输有较大的便捷性，但是近年来，随着铁路大提速和高速铁路的发展，一些小站被关停或者只保留极少数车次停靠，有些地方居民原本可以近距离便捷乘坐火车，但现在却需要长途跋涉，到较大火车站才能乘车，乘坐火车的便捷性降低，当地居民很难真正获得铁路发展带来的红利。三是快速运输的需要。速度是交通运输不断发展的核心追求，是运输方式核心竞争力的集中体现，也是人们选择运输方式的核心指标。近年来铁路运输在速度上取得了显著成效，尤其是高速铁路的跨越式发展，使铁路行业恢复了生机，成为人们最为信赖的交通运输方式。但是，铁路运输对速度的追求没有句号，提速增效永远是人们日益增长的美好生活需要。四是合理运输成本的需要。价格是人们选择交通工具的关键，也是生产力发展水平的直接体现。相对于公路运输和航空运输，铁路运输有明显的价格优势，但是，随着高速铁路快速发展，铁路运输的价格优势在减少，人们在享受高速铁路快速和舒适的同时，也在抱怨价格的昂贵，尤其是普速铁路大幅减少而且晚点严重时，人们更期待在速度和价格之间有更好的平衡。五是优质服务的需要。优质服务是人们对交通运输更高层次的追求，当具备更好条件时，人们自然会希望优质的乘车环境和良好的服务质量，这是社会进步的直接体现，也是人们需求层次上升的具体表现。近年来铁路运输服务质量大幅提高，尤其是高速铁路运输，乘客可以享受到更好的乘车服务。但是，盒饭贵、普速列车拥挤不堪、列车厕所、开水等设施设备无法正常使用、卫生环境脏乱差等问题时常出现，并非每趟列车都能不折不扣地满足人们的需求。

二、铁路行业发展不平衡不充分的表现

从人的追求和欲望出发，人们对铁路运输的需求是永恒的，而且只有更好，没有最好。但是，人们对各项需要的追求又不是独立的，而是根据自己的生活环境综合权衡考虑的。总体而言，安全是前提，便捷是基础，速度是核心，价格是关键，优质服务是更高层次的追求。导致这些需要无法得到更好满足的深层原因是铁路行业发展的不平衡不充分，主要表现为：一是铁路行业体制机制运行还不够顺畅。铁路行业虽然进行了政企分开改革，但是，新组建的行业监管部门机构设置还不够健全，人员配备还不够充分，职权职责还不够明确，离人民的美好生活需要还有改善空间。二是铁路行业法律法规滞后。党的十八大以来，政府虽然对铁路行业的部分法规进行了清理和修改，但铁路行业的基本法《铁路法》及相关配套法规还未修改，陈旧的法律法规无法满足铁路快速发展的需要。三是铁路运输企业经营管理效率还有待提高。政企分开后，新组建的铁路运输企业进行了公司制改革，但是铁路运输市场打破垄断、引入竞争的体制机制还未形成，铁路运输行业现代企业制度构建还在进行中，铁路运输企业的市场意识、服务意识还不够强，铁路运输经营管理的效率还有待提升。四是铁路行业区域发展不平衡不充分。近年来，虽然国家铁路建设已经向西部倾斜，但相对于铁路密集的中东部地区，西部铁路发展相对落后，西部地区的铁路运输还无法满足人们便捷出行的美好需要，高速、便捷的轨道交通发展滞后仍然是制约西部发展的重要因素。

三、深化铁路行业改革的路径与对策

新时代，新征程，针对人民对铁路运输日益增长的需要，铁路行业应该抓住主要矛盾，协调垄断与竞争、营利性与公益性等深层次矛盾，稳步推进改革。一是要完善铁路立法，以先进的法律制度引领铁路行业发展。目前中国高铁已经成为中国骄傲，中国高铁"走出去"已经成为"一带一路"倡议率先突破的重要领域，但是，如何保持中国铁路持久安全，如何使中国铁路持久健康快速发展，需要完善法律制度，需要从铁路融资、铁路建设、铁路安全、铁路运营、铁路监管等各个环节完善立法，明确职权和责任，以法治思维和法治方式推进铁路改革和发展。二是要坚持推进市场化改革，逐步实现市场在铁路资源配置中的决定性作用。要通过引入竞争，规范市场，培育公司制市场主体，以市场思维和服务意识努力提高铁路运营效率和服务质量，充分满足人民对优质运输的需要。三要强化铁路运输的公益性，确保人民对铁路行业改革的认同感。市场化改革并不是否定铁路运输的公益性，公益性是铁路运输的重要属性，是获得人民认同改革的前提。所以，在不断深化铁路行业市场化改革的同时，应该完善和建立铁路运输公益性补贴制度，既充分尊重铁路运输的市场规律，又不会使人们的运输成本大幅飙升。四要以保护社会公众权益为基础，合理调配运力资源，充分满足人民对便捷运输的美好需要。在铁路规划、建设和运营中要充分考虑铁路运输的便捷性，以人为本，以人民为中心，权衡各方利益，在不断提升运输能力和运输效率的同时，充分照顾铁路沿线居民的便捷出行需求。五要完善体制机制，协调区域发展，提升铁路行业发展的内涵质量。要以合理的方式打破铁路行业的绝对垄断，充分引入市场竞争，积极培育市场主体，以合理的体制机制促进铁路行业健康发展；同时，还应该继续保持相关政策向西部倾斜，以形式的不平等追求实质公平，努力提升铁路发展的质量。

后 记

　　光阴似箭，岁月如梭，在经历了考上博士的欣喜、收集资料的艰辛、阅读经典的享受，以及撰写论文的痛苦之后，四年的博士生涯行将结束。在四年的博士生活中，难得的静下心思沉迷于书案进行学习钻研，学会了如何读书、收集资料、撰写论文，即基本学会了如何做学问，同时也品味了追求学问的艰辛与快乐，这种滋味是酸、是甜、是苦、是辣，只有品尝过的人知道。博士毕业后，本打算将博士学位论文放两年，沉淀一段时间再考虑出版事宜，但一放就放了五年。在这五年中，我借助主持国家社科基金项目及国家铁路局科技与法制司委托项目，有机会深入铁路系统，参与铁路立法工作，系统了解铁路运行规律及政策制定依据，以切身体会不断审视博士学位论文的观点。在对自己的不断拷问下，我对其中的部分观点做出了修改，但核心观点、核心内容基本没变，仍然保留了博士学位论文的原貌，最大的变化是在原有博士学位论文基础上增加了"铁路行业社会资本准入后的监管"一章，完善了全书的结构，阐释了为什么准入、如何准入、准入的支撑制度及准入后如何监管等问题。同时，全书试图以社会资本准入为主线，以制度安排为载体，对铁路行业存在的营利性与公益性、垄断与竞争、公平与效率等矛盾冲突进行法治平衡，理顺铁路行业改革的基本思路，触及铁路行业存在的核心问题，但由于知识储备不足和能力有限，很多地方只是浅尝辄止，并未深入研究。这既是暂时的遗憾，同时也是以后努力的方向。

在本书得以出版之际，回顾四年的博士生涯及博士毕业后的学术经历，各种感觉涌上心头，难以抑制亦难以言表。稍做平息、细细梳理之后，方知应借此机会对曾经关心和帮助过我的老师、同学、同事、朋友和家人说声谢谢，感谢他们多年来对我的理解、关心、支持和帮助。

首先，要感谢我的导师蔡立东教授。感谢他没有嫌弃我本科非法学专业出身，没有嫌弃我偏大的年龄，也没有嫌弃我薄弱的基础，将我收于门下，并对我严格要求，精心指导。从阅读书籍的选择，到论文选题、撰写和修改，在每一个环节，导师都认真负责，耐心指导，既释惑，亦传道。他以渊博的学识引领我走向学术的殿堂，帮助我解答学习中的疑惑；以严谨的治学态度要求我认真读书，认真做学问，做真学问；以自身的拼搏精神激励我奋发进取，刻苦钻研，不敢懈怠。闲暇之余，回顾自身经历，自认为虽然人生成长轨道颇为曲折，但又倍感幸运，在我人生面临选择的关键环节，遇上了导师蔡立东教授，是他帮助我走上了喜欢的学术之路，并一直给予我鼓励、关心和帮助。博士毕业后，我始终谨记老师的教导，以老师对我的态度对待学生，以老师对我的要求要求学生，严谨治学，从不敢松懈。浩荡师恩，非一时能表谢意，对导师的感激之情，只能铭记于心，以加倍努力回馈师恩。

其次，要感谢吉林大学法学院经济法学导师组的冯彦君教授、王彦明教授、傅穹教授、赵惊涛教授、吴真教授、陈兵教授、王小刚教授、李剑教授和孙冰心博士等在授课、论坛、开题、答辩等各个环节的精心指导和帮助。在四年的学习生涯中，他们给了我很多的启发、教导和帮助，使我受益匪浅。博士毕业后他们亦在后续的学术交流中继续给予关心和帮助。在此，特向各位老师致谢，感谢你们的倾囊传授。同时还要感谢我的博士后合作导师华东政法大学的马长山教授，以及博士答辩老师武汉大学的冯果教授和黑龙江大学的王妍教授，感谢他们的指导与启发，使我重新审视书中的一些观点，并得以完善。

再次，要感谢我工作单位的领导和同事。感谢单位领导给了我外出继续深造的机会，感谢同事们平时在工作、学习和生活中给我的支持、理解和帮助。尤其要感谢我的同事窦竹君教授对我学术研究上的引领和指导，在她的帮助下我开阔了学术视野，明确和坚定了自己的学术观点。

最后，要感谢我的家人、同学和朋友的支持和体谅。感谢我父母从遥远的老家来到陌生的城市，在气候、环境等极不适应的情况下一直坚持给我照看孩子，给了我再次外出求学的机会；感谢我岳父岳母多年来对我继续求学的理解、支持和帮助，没有他们对我家庭的多方面照顾，我很难顺利完成学业；感谢我的女儿诺子，是她给了我不断努力的动力，也是她给我枯燥的学术生活带来了无穷的乐趣，伴随着我的学术生活共同成长；当然，在我家人中最应该感谢的是我的妻子左立芬女士，感谢她多年来对我的理解和支持。结婚不到一年，我就离家求学读硕士，让她三年独守空房，孩子刚出生不到一年，我又离家求学攻读博士学位，让她独自担负起照顾孩子和家庭的重担，没有她的鼓励、支持和理解，我多年求学的艰辛路很难顺利走完。感谢我身边的同学和朋友们，感谢他们给我学业上的共勉、引导和帮助，感谢他们给我生活上的激情、快乐和享受。

"路漫漫其修远兮，吾将上下而求索"，踏入学术的殿堂，即意味着选择了以书为伴、清香淡雅的生活方式，这是我一直追求的生活方式，我将为此奋斗，不求结果之华丽，但求过程之精彩。

亏道远

2020 年 1 月 30 日

责任编辑：江小夏
文字编辑：李倩文
封面设计：胡欣欣

图书在版编目（CIP）数据

铁路行业社会资本准入研究／亏道远 著 . —北京：人民出版社，2020.3
ISBN 978 - 7 - 01 - 022187 - 8

I. ①铁⋯　II. ①亏⋯　III. ①铁路运输业 - 社会资本 - 市场准入 - 研究 -
中国　IV. ① F532 ② F832.5

中国版本图书馆 CIP 数据核字（2020）第 095027 号

铁路行业社会资本准入研究
TIELU HANGYE SHEHUI ZIBEN ZHUNRU YANJIU

亏道远　著

人民出版社 出版发行
（100706　北京市东城区隆福寺街 99 号）

中煤（北京）印务有限公司印刷　新华书店经销

2020 年 3 月第 1 版　2020 年 3 月北京第 1 次印刷
开本：710 毫米 ×1000 毫米 1/16　印张：14.25
字数：193 千字

ISBN 978 - 7　01 - 022187 - 8　定价：66.00 元

邮购地址 100706　北京市东城区隆福寺街 99 号
人民东方图书销售中心　电话（010）65250042　65289539

版权所有·侵权必究
凡购买本社图书，如有印制质量问题，我社负责调换。
服务电话：（010）65250042